어쩌다
마케터를 위한
AI
활용법

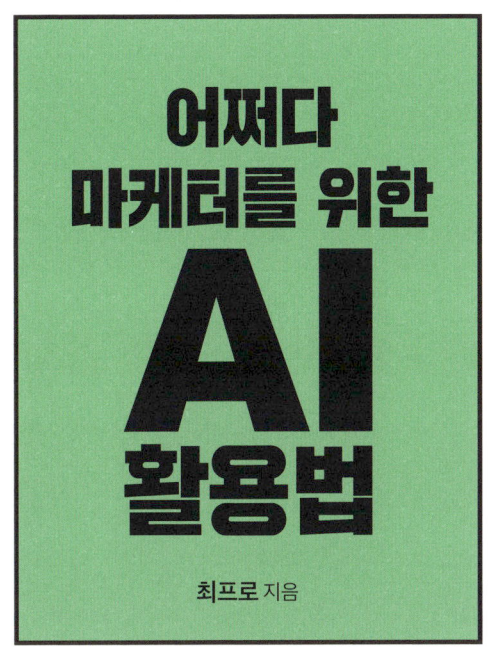

어쩌다 마케터를 위한 AI 활용법

최프로 지음

e비즈북스

프롤로그

우리가 AI를 제대로 활용하기 위해 알아야 할 세 가지

충분히 발달한 기술은 마법과 구분할 수 없다.

— 아서 C. 클라크(SF 작가)

대전환의 시대입니다. 질문을 하나 해보겠습니다. 2023년부터 현재까지 트렌드를 대표하는 키워드는 무엇일까요? 아마 이 책을 읽고 계신 분 대부분은 '챗GPT'나 'AI'라고 대답하실 것 같습니다. 작년 초부터 전 세계적인 AI 열풍이 불어 일반인도 쉽게 AI를 접하고 그와 관련된 책이나 프로그램, 기사 등이 쏟아져 나왔으니까요. 그렇다면 여러분은 지금 챗GPT나 AI를 잘 활용하고 있나요?

시가총액 기준 미국 상위 2위 은행인 뱅크 오브 아메리카는 AI의 등장을 아이폰 모먼트 iPhone moment에 비유했습니다. 아이폰 모먼트란 1990년대의 인터넷, 2000년대의 온라인 검색처럼 세상을 완전히 뒤집어 놓은 아이폰의 출현을 가리키는 말입니다. AI가 그때에 비견될 만한 엄청난 변화를 가져올 것이라는 뜻이죠. 실제로 2022년에 발표된 챗GPT는 출시 후 닷새 만에 가입자 수 100만 명 기록, 두 달 만에

1억 명을 돌파하는 등 열풍이 대단했습니다. 하지만 1년이 지난 현 시점에서 보면 AI가 아이폰 만큼 개인들의 일상을 크게 바꿔놓은 것 같지는 않습니다. 왜 우리는 AI 활용을 못하고(또는 안 하고) 있는 걸까요? 제 생각에는 어느 정도의 불신, 또 어느 정도의 게으름 등이 복합된 결과가 아닐까 싶습니다. 그렇다면 이 책을 읽기 전에 반드시 다음 세 가지 의문부터 해소하고 가야 합니다.

첫째, AI가 정말 우리의 일과 삶을 바꿔 놓을까?

사실 우리는 꽤 여러 번 속아 왔습니다. 얼마 전까지도 코로나 이후의 세상은 완전히 바뀔 것이며 메타버스가 미래라고 이야기했죠. 하지만 지금 그 기업들 대부분은 AI가 미래라고 이야기하고 있습니다. 과연 이번에는 진짜인지, 진짜라면 또 무엇이 바뀐다는 건지 잘 와 닿지 않습니다.

AI가 가져올 가장 큰 변화를 하나만 말씀드리죠. AI는 지금까지 우리가 믿어온 가장 중요한 원칙을 무너뜨립니다. '천재는 1%의 영감과 99%의 노력으로 만들어진다'는 말, 아마 어릴 적부터 숱하게 들어보셨겠죠. 영감inspiration을 실현하는 데 엄청난 노력perspiration이 수반되어야 한다는 뜻입니다. 여기서 말하는 노력에는 시간과 돈, 인력처럼 상품을 만드는 데 필요한 생산 수단이나 노동력 등이 포함되어 있습니다. 한마디로 **자본**capital이라고 할 수 있죠. 따라서 이 자본이 없는 대부분의 사람은 영감 대신 내가 가진 '노력(노동력)'을 팔아서 생존하게 됩니다.

그런데 이 법칙은 이제 AI가 깨버립니다. 앞으로 AI가 인간의 노력을 대신하니까요. 이제 AI가 글도 쓰고 그림도 그리고 코딩도 하죠. 머지않아 **노력의 가치는 대폭락**하게 될 것입니다. 한마디로 **불로소득**의 시대가 열리는 셈이죠. 물론 누구나 이러한 변화의 파도에 올라탈 수 있는 것은 아닙니다. 여러분은 여러분의 소득 중에 영감이 차지하는 비율이 얼마나 된다고 생각하시나요? 99%인 노력을 이제 AI가 대신한다면 나의 소득은 1%로 줄어드는 것은 아닐지 걱정되지는 않으신가요? 물론 정말로 그렇지는 않겠지만 AI 시대라는, 지금까지 우리가 한 번도 걸어보지 못한 길을 가야 하는 만큼 대비는 해야 합니다. 이제 우리는 내 모든 시간과 에너지를 영감을 키우는 데 집중하고, 노력의 영역은 과감하게 AI에게 위임하는 쪽으로 방향을 잡아야 합니다.

둘째, AI는 왜 내 질문에 제대로 답하지 못할까?

AI가 엄청난 변화를 초래할 것이란 점을 인정하더라도 문제가 하나 있습니다. 막상 써보니 내 질문에 엉뚱한 답을 내놓는 경우가 많죠. '프롬프트'를 잘못 써서? '질문하는 방법'이 서툴러서? 절반만 정답입니다. 두 이유 모두 맞지만 AI를 활용하지 못하는 진짜 이유는 따로 있습니다.

업무 목적으로 AI를 쓰고자 한다면 질문question**이 아닌 지시**direction**를 잘해야 합니다.** 궁금증을 해소하는 용도만으로 쓴다면 검색으로도 충분하죠. 하지만 AI를 진짜 업무 용도로 사용하려면 '질문'이 아니라 '지시'를 잘해야 합니다. 질문은 어디로 갈지 모를 때 필요한 것이고, 지시는 내가 방향을 설정하고 해야 할 일을 요청하는 것입니다. 다시 말해 내가 방향을 잘 알아야 AI를 제대로 활용할 수 있다는 의미이죠.

AI에 대한 여러 비유가 있지만 **코파일럿**copilot, **부조종사**라는 것이 가장 적합해보입니다. 파일럿, 즉 조종사는 AI를 쓰는 사용자여야 합니다. AI는 오토파일럿autopilot (조종사의 조작 없이 비행 상태를 유지해주는 장치)이 아니거든요. 하지만 우리가 AI에게 지시만 잘하면 AI는 맡은 일을 척척 해내는 엄청나게 유능한 인재입니다. 게다가 우리 인간과 다르게 한시도 쉬는 법이 없고, 왜 내가 해야 하냐고 반발하는 일도 없죠.

　　셋째, 제대로 지시하기 위해 필요한 것은?

　　여러분은 AI를 어디에 활용하려고 하시나요? 혹시 AI를 활용해 개발자나 프롬프트 엔지니어로 전업을 희망하시나요? 그렇다면 이 책은 여러분에게 필요하지 않습니다. 하지만 앞으로도 마케터, 또는 사업을 하고 싶다면 반드시 염두에 두어야 할 것이 있습니다. **프롬프트 몇 개보다 내가 하는 일, 잘하고 싶은 일에 대한 이해가 필요합니다.** 그 일은 결국 마케팅이겠죠. 내가 먼저 마케팅을 잘 알아야 진짜 나, 또는 우리 조직에 필요한 것을 지시할 수 있습니다. 누구나 한 번쯤은 명확한 지시를 내리지 못하는 팀장 밑에서 일해본 적이 있을 것입니다. 이런 상황에서 팀원들은 제대로 능력을 발휘할 수 있을까요? 인간이라면 승진이나 연봉에 대한 야심, 또는 책임감 때문에 어떻게든 해내기도 합니다. 하지만 AI는 그렇게 할 수 없죠. 오직 사용자의 지시에 따라서만 역량을 발휘할 뿐입니다.

　　내가 마케터로서의 능력이 부족하다면, AI나 팀원이 엉뚱한 대답을 내놓더라도 그것을 알아볼 수 없습니다. AI가 마케팅 기획안이나 제안서의 초안을 작성해도 어느 부분을 더 강조하고, 어느 부분을 삭제할지 판단할 수 없다면 제대로 활용할 수 없습니다. 또 AI로 작업한 여러 이미지나 동영상 중 어느 것을 선택해 사용해야 할지 결정할 수 없다면 애써 만든 결과물이 아무 도움이 되지 않습니다.

그런 면에서 이 책은 AI 책이 아닙니다. AI로 동화책 만들기나, 여행 계획 작성하기, 식단짜기 같은 내용도 다루지 않습니다. 마케팅이란 무엇인가라는 꽤 철학적인 질문에 대한 고민이자 AI를 활용해, 마케터로서 성과를 높이기 위한 실용서입니다. 특히 부서마다 업무가 분담되어 있던 과거와 달리 최근처럼 한 사람이 기획과 실행, 마케팅, 제작까지 도맡아야 할 때에는 요즘 마케팅에 대한 이해와 AI의 활용을 접목한 책이 필요하다는 생각에 이 책을 쓰게 됐습니다. 그리고 무엇보다 '어쩌다 마케터'가 된 이들에게 큰 도움이 될 것입니다.

꽤 오랜 기간 우리는 기술과 노하우가 중심이 되는 How To의 세상에서 살아왔습니다. 하지만 AI의 등장 이후 영감이 부각되면서 정의와 개념이 중심이 되는 Why의 세상에서 살게 될 것입니다. 저는 이 책에서 지속적으로 이 부분과 개념concept을 강조할 것입니다.

그럼 마케팅은 어떻게 정의할 수 있을까요? 이 책의 핵심 내용을 딱 세 줄로 정리해보겠습니다.

① 마케팅은 '고객을 창출하는 것'이다.
② 디지털 미디어 시대에 고객을 창출하는 핵심 수단은 콘텐츠이다.
③ AI를 활용하면 콘텐츠 생산성은 엄청나게 향상된다.

이것이 '20여 년 동안 광고와 마케팅 분야에서만 일한 사람이 왜 AI 책을 썼을까?'라는 의문에 대한 대답이 될 수도 있겠네요. AI는 자격증 같은 것이 아닙니다. 오직 내가 마케팅을 제대로 이해하고 AI를 활용해서 성과를 높일 때 의미가 있습니다. 이 책을 읽는 분들은 이 점을 꼭 기억하셨으면 합니다.

2024년 4월 최프로 드림

차례

프롤로그 | 우리가 AI를 제대로 활용하기 위해 알아야 할 세 가지   4

1장
AI 시대의 일과 마케팅

1. 길을 묻는 '어쩌다 마케터' 분들께   16
    전통적인 마케팅 vs. 요즘 마케팅   19
    커뮤니티에서 라이프 스타일 브랜드로   25

2. 가치 이동: 생성의 시대, 그리고 노동의 종말   27
    생성, 그리고 생각   28
    생성과 생각의 차이   31

3. AI 시대, 이기는 마케터 되기   37
    일잘러의 조건   37
    핵심성공요인 훔치기   40

2장
나도 이제 AI 좀 아는 사람

1. 챗GPT의 파죽지세   48
    OpenAI와 챗GPT의 탄생   48
    챗GPT의 진화: 올 인 원 All-In-One   49

2. 빅테크의 절치부심   55
    통합하는 챗GPT와 분리하는 구글   55
    구글의 시대는 정말 끝났나?   57
    네이버의 대응   59

3장 AI로 기획하기

1. AI로 나만의 아이데이션팀 세팅하기 — 70
- 자료 조사하는 인턴 AI — 71
- 맞춤화된 챗GPT 만들기 — 78
- 브레인 스토밍을 함께하는 동료 AI — 79
- 필요한 조언을 제공하는 멘토 AI — 82
- `Toy Project` 스타트업을 위한 '브랜딩 멘토' 만들기 — 83

2. 소비자 조사 및 데이터 분석하기 — 93
- 설문 만들기: 챗GPT와 구글 설문의 컬래버 — 94
- 분석하기: 데이터 분석하고 보고서 만들기 — 95
- `Toy Project` 모바일 앱 만족도 조사 진행 — 98

3. AI로 제안서 작성하기 — 105
- 제안서가 뭐길래 — 106
- 좋은 제안서의 조건 — 108
- AI로 프레젠테이션 문서 만들기 — 114
- `Toy Project` 비건을 위한 대체우유 V-Milk 제안서 작성 — 120

4장 AI로 글쓰기

1. 브랜디드 콘텐츠 만들기 — 143
- 브랜디드 콘텐츠에 대한 오해 — 145
- 브랜드의 핵심 가치에 대한 공감 — 146
- 브랜디드 콘텐츠 만들기 — 147
- `Toy Project` '토스트'의 브랜디드 콘텐츠 제작 — 150

2. AI 카피라이터가 되다 — 161
- 그렇다면 '세일즈 카피'는 뭐죠? — 162
- 세일즈 카피를 만들기 전에 생각할 것들 — 165
- `Toy Project` AI로 처연 화장품 세일즈 카피 만들기 — 168

3. 뉴스레터로 커뮤니티 형성하기 — 175
- 성공 사례들로 본 요즘 뉴스레터 — 176

5장 AI로 디자인하기

1. 상품 상세 페이지 제작 — 191
   판다랭크와 미리캔버스로 상세 페이지 만들기 — 192
   Toy Project 퓨어퍼펙션 상세 페이지 만들기 — 195

2. MBTI 테스트를 만들어 마케팅에 활용하기 — 204
   코드code는 중요한 구매 동기가 됩니다 — 205
   Toy Project MBTI에 따른 책 추천을 할 수 있다면?! — 214

3. AI로 브랜드 사이트 만들기 — 223
   브랜드 사이트는 왜 필요한 거죠? — 223
   Toy Project AI로 브랜드 사이트를 만들어 보자 — 226

6장 AI로 나만의 비즈니스 만들기

1. 정말 무자본으로 돈을 벌 수 있을까? — 233

2. 트래픽으로 돈을 벌 수 있다는 착각 — 235
   콘텐츠 비즈니스 모델 만들기 — 236
   누가 그리고 왜 나의 콘텐츠를 구매할까? — 236

3. AI로 콘텐츠 크리에이터 되기 — 239
   AI로 전자책 쓰기 — 239
   AI로 영상 제작하기 — 245
   챗GPT를 활용한 스토리보드 작업 — 249

에필로그 | 마케터가 이렇게 많은 일을 한다고요? 254

1장

AI 시대의 일과 마케팅

> 파괴의 주범은 신기술도 스타트업도 아닌 고객이었다.
>
> — 탈레스 S. 테이셰이라 (하버드 경영대학원 교수)

대전환의 시대입니다. 얼마 전까지 마케팅 업계에서는 '그로스 해킹'이나 '퍼포먼스 마케팅'이 화두였죠. A/B Test를 하고 더 많은 고객이 반응하는 방향으로 마케팅을 자동화하는 것이 마케팅의 미래라고 생각했습니다. 침대는 과학이라는 카피처럼 데이터는 과학(데이터 사이언스)이라는 말이 유행했고 저 역시 이제 브랜딩의 시대는 끝났다고 생각했습니다. 하지만 검색이나 SNS 광고의 효율이 떨어지고 최근에 다시 브랜딩이 중요해졌습니다.

요즘 브랜딩의 예를 하나 들어보죠. 김창수 위스키라는 브랜드가 있습니다. 김창수 대표는 한국에는 왜 국산 위스키가 없을까라는 의문에서 시작해 고집스럽게 위스키를 개발하고 있습니다. 그리고 그 과정을 본인의 SNS에 꾸준히 올리자 위스키에 관심 있는 사람들이 그의 SNS 채널에 모이기 시작했죠. 그리고 드디어 김창수라는 브랜드로 위스키가 출시되었을 때 사람들은 새벽부터 그의 위스키를 사려고 줄을 섰습니다. 요즘 말로 오픈런이죠. 소비자들은 위스키를 산 걸까요? 아니면 색다른 경험을 사고 싶었던 걸까요?

다시 앞의 이야기로 돌아가보겠습니다. 브랜딩이 다시 중요해진 이유는 뭘까요? 그것은 마케팅의 무게 중심이 미디어에서 고객으로 옮겨가고 있기 때문입니다. 지금까지는 브랜드와 소비자 사이에 미디어가 존재하고, 그 미디어를 잘 활용하는 브랜드, 한마디로 더 많은 노출과 전환을 하는 브랜드가 승리했죠. 하지만 지금의 미디어는 마치 공기와 같습니다. 언제 어디서나 존재하니까요.

이제 고객을 확보하기 위해 필요한 것은 콘텐츠입니다. 김창수 위스키의 사례처럼 좋은 콘텐츠는 스스로 확산되고 고객들이 찾아오도록 만듭니다.

이렇게 빠르게 변해가는 세상에 AI까지 가세했습니다. 디지털이 전통적 미디어를 무너뜨리고 스스로 미디어가 됐듯이 AI는 기존의 가치 사슬을 붕괴시킬 것입니다. 우리는 이러한 파괴적인 혁신을 '디스럽션disruption'이라 부릅니다. 1장에서는 이러한 디스럽션에 대해 살펴보겠습니다. 크게 세 가지 부문에서의 변화에 대해 이야기해볼까 하는데요.

첫째, 마케팅이 변하고 있습니다. 이제 고객은 제품이 아닌 라이프 스타일을 삽니다. 요즘 마케터로서 꼭 알아야 할 트렌드에 대해 이야기합니다.

둘째, 일의 가치가 변했습니다. 지금까지 인간이 하던 노력을 생성이 가능해진 AI가 대체하며 노력의 가치가 하락하게 됩니다. 그렇다면 인간만이 할 수 있는 영역은 무엇일까요?

셋째, 이기는 방식이 바뀌고 있습니다. 마케팅이 변하고 일의 개념이 바뀌니 승리의 공식 역시 함께 변했습니다. 그리고 이 공식은 훔칠 수 있습니다.

그래도 다행인 것은 AI를 활용하면 우리가 방향 전환을 빠르게 할 수 있다는 점입니다. AI 시대의 마케팅과 일은 어떻게 변하고 있는지 들여다보죠.

길을 묻는
'어쩌다 마케터' 분들께

이 책을 읽는 분은 마케터이거나, 마케팅에 관심이 있는 분일 겁니다. 저는 몇 년째 마케팅 커뮤니티를 운영하고 있는데 이 모임에 참여하신 분들에게 '마케팅이 뭔가요?'라는 질문을 받습니다. 아마도 요즘 사수 없이 혼자 마케팅을 하는 분들이 많아졌는데 물어볼 곳이 없기 때문이 아닐까 싶습니다. 게다가 원래 마케터가 되려던 것이 아니라, 어쩌다 보니 마케터가 된 분들도 많아졌죠.

마케팅이 뭐냐는 다소 원초적인 이 질문에는 지금 내가 제대로 하는 것이 맞을까 하는 불안이 깔려 있습니다. 이런 불안감 때문에 어쩌다 마케터, 어쩌다 사장님들은 큰 회사들이 어떻게 마케팅을 하는지, 마케팅 공부를 하려면 어떤 책이나 강의를 들어야 하는지를 궁금해 하죠. 막막함으로 고민하는 이런 분들께 저는 테세우스의 배 이야기를 먼저 합니다.

테세우스는 그리스 신화 속의 영웅으로 크레타섬의 미노타우로스를 처치한 것으로 유명합니다. 그가 크레타섬에서 아테네로 돌아올 때 타고 온 배는 아테네 사람들에게 귀중한 유물이 됐죠. 시간이 흘러 배

AI로 그린 테세우스의 배.(달리)
모든 부품이 교체된 이 배도 테세우스의 배라고 할 수 있을까요?

의 판자들이 썩기 시작했고 여러 차례의 수리 끝에 테세우스의 배는 모두 새 부품으로 교체되었습니다. 철학자들 사이에는 이런 의문이 제기됐죠. 모든 부품이 교체된 후에도 그 배는 여전히 테세우스의 배인가? 처음부터 새로 만든 배와는 무엇이 다른가? 만약 누군가 원래 부품들을 따로 모아 배를 만든다면 어느 쪽을 진짜 테세우스의 배라고 할 것인가?

마케팅도 테세우스의 배와 마찬가지입니다. 우리가 '마케팅'이라 부르던 배의 부품은 모두 교체됐으니까요. 마케팅이 무엇인지 전통적인 관점에서 답하자면 제품product을 매체media를 통해 시장market에서 팔리게 만드는 것이라 할 수 있습니다. 이를 도식화하면 제품 → 매체 → 시장이라고 볼 수 있습니다. 좀 더 구체적으로 들어가면 4P product, place, promotion, price나 STP segmentation, targeting, positioning, 브랜딩이나 데이터 분석과 관련된 이야기를 할 수도 있겠지만 그 전에 먼저 더욱 중요한 마케팅을 구성하는 요소들이 어떻게 바뀌었는지 하나씩 살펴보겠습니다.

제품: 요즘 마케팅에 있어서 제품의 기능이나 품질이 강조되는 경우는 많이 줄었습니다. 이제는 브랜드가 제공할 수 있는 경험이나 철학, 라이프 스타일 같은 것이 더 중요해졌죠. 우리가 무지MUJI나 파타고니아 같은 브랜드를 선호한다면 그 브랜드가 추구하는 바에 매력을 느꼈기 때문입니다.

매체: 예전의 미디어는 주로 TV나 신문을 의미했지만 이제 SNS나 유튜브 등이 대세죠. 이는 단순히 매체의 변화만이 아니라 정보의 전달 방향이 일방향에서 쌍방향으로, 그리고 중심이 언론이나 기업에서 소비자로 이동하는 것을 의미합니다.

시장: '대중'이 사라졌습니다. 이제 연령과 지역, 성별이 비슷하다고 해서 유사한 특성을 가지고 있을 것이라고 추측하기 어렵죠. 각자 나만의 취향에 따라 시공을 초월한 세계관 속에 살고 있습니다. 이제 TV가 없는 집들이 점점 많아지고 있습니다. 유튜브 초기 화면에는 개인의 취향에 따라 각각 다른 콘텐츠가 나타납니다. 이런 경향은 앞으로도 더욱 가속화될 것입니다.

그렇다면 앞서 우리의 질문은 바뀌어야 합니다. '마케팅이 뭔가요'가 아닌 '**요즘** 마케팅은 무엇인가요'라는 것으로 말이죠. 우리가 알고 싶은 것이 명확해졌으니 이제 AI의 도움을 받을 수 있겠네요.

전통적인 마케팅 vs. 요즘 마케팅

요즘 마케팅의 개념을 알기 위해 전통적인 마케팅과 요즘 마케팅을 먼저 비교해 둘 사이의 차이점을 알아보겠습니다. 이 부분은 챗GPT의 도움을 받아 살펴보겠습니다.

 요즘 마케팅과 전통적인 마케팅의 차이에 대해 설명해줘.

 요즘 마케팅과 전통적인 마케팅은 몇 가지 핵심적인 방식에서 차이가 있습니다.

1. 채널의 차이

전통적인 마케팅: 신문, 잡지, 라디오, 텔레비전 광고, 전단지 등과 같은 물리적 매체를 사용합니다. 이 방식은 주로 일방향적 커뮤니케이션을 특징으로 합니다.

요즘 마케팅: 소셜 미디어, 검색엔진 최적화SEO, 이메일 마케팅, 콘텐츠 마케팅, 인플루언서 마케팅 등 디지털 매체를 중심으로 합니다. 이 방식은 쌍방향 커뮤니케이션과 개인화된 메시지 전달에 중점을 둡니다.

2. 대상 및 맞춤화

전통적인 마케팅: 광범위한 타깃 오디언스를 대상으로 합니다. 개인화보다는 일반적인 메시지를 전달하는 경향이 있습니다.

요즘 마케팅: 특정 타깃 오디언스에게 맞춤화된 메시지를 전달합니다. 빅데이터와 분석 도구를 활용하여 소비자의 행동과 선호도를 파악하고 이를 기반으로 마케팅 전략을 수립합니다.

3. 상호작용과 참여

전통적인 마케팅: 소비자와의 직접적인 상호작용이 제한적입니다.

요즘 마케팅 : 소셜 미디어와 같은 플랫폼을 통해 소비자와의 적극적인 상호작용을 장려합니다. 피드백, 리뷰, 소셜 미디어 참여 등을 통해 고객과의 관계를 강화합니다.

4. 분석 및 측정

전통적인 마케팅 : 효과 측정이 비교적 어렵습니다. 판매량이나 설문조사 등 간접적인 방법을 주로 사용합니다.

요즘 마케팅 : 실시간 데이터 추적 및 분석이 가능하여, 투자 대비 수익률 ROI를 정확하게 측정할 수 있습니다. 이를 통해 마케팅 전략을 지속적으로 최적화할 수 있습니다.

5. 비용 효율성

전통적인 마케팅 : 대개 높은 비용이 필요합니다. (예 : TV 광고)

요즘 마케팅 : 디지털 플랫폼을 활용하기 때문에 상대적으로 비용이 낮고, 타기팅이 용이하여 비용 대비 효과가 높습니다.

이러한 차이점들은 마케팅 전략을 수립할 때 고려해야 할 중요한 요소들입니다. 현대 마케팅은 기술의 발전과 디지털화에 맞추어 더욱 개인화되고 상호적인 방향으로 진화하고 있습니다.

챗GPT가 이 대답을 하는 데는 10초도 걸리지 않았습니다. 그리고 요즘 마케팅에 대해 우리가 알아야 할 내용들을 대부분 담고 있는 것 같네요. 하지만 AI는 100% 사실은 아니더라도 일반적으로 통용되는 사실만 이야기할 뿐 주장이나 견해를 드러내지는 않습니다. 그래서 요즘 마케팅에 대해 저의 견해를 보태면 '우리 브랜드의 콘셉트를 공유하는 커뮤니티를 형성하는 것'이라 할 수 있습니다. 이러한 변화는 최근 '브

랜딩'이 다시 중요해진 이유이기도 하죠. 이 관점에서 앞서 언급했던 제품, 매체, 시장이 어떻게 변화하는지 하나씩 따져 보겠습니다.

(1) '제품'이 아니라 '콘셉트'를 삽니다

프라이탁이라는 브랜드를 생각해보죠. 소비자들은 왜 이 브랜드의 제품을 살까요? 그것은 단순히 디자인이 좋거나 품질이 뛰어나서가 아니라 그 콘셉트에 공감하기 때문입니다. 프라이탁은 방수포 등을 활용한 재활용 제품입니다. 하지만 수작업으로 만들어야 하기 때문에 가격은 오히려 더 비쌉니다. 그럼에도 소비자들은 그 가치를 인정하고 비용을 지불하죠.

마찬가지로 테슬라가 만든 자동차는 비가 새고 소음이 심하다는 문제가 있지만, '이음새가 완벽하면 테슬라가 아니다'라는 우스갯소리가 있듯이 이제 소비자는 그런 사소한(?) 문제에 집착하지 않고 테슬라의 혁신과 발전에 열광합니다. 또 저는 종종 '돈쭐(돈+혼쭐)'이라는 말을 사용하는데요. 보통 선한 일을 하는 작은 가게들의 매상을 올려주는 걸 돈쭐이라고 하죠. 이때 소비자는 그 가게가 무엇을 파는지에는 별 관심이 없습니다. 심지어 돈을 냈지만 제품은 필요 없다고 하는 분들도 있죠. 중요한 것은 내가 그 사장(또는 브랜드)의 신념을 후원한다는 것입니다. 소비자는 환경보호, 재활용, 혁신 등을 지지하는 것이지 제품을 사는 게 아니죠.

반대의 경우도 생각해볼 수 있습니다. 이마트의 '노브랜드'나 코스트코의 '커클랜드' 같은 유통사가 만든 자체브랜드인 PB private brand 상품이 있죠. 쿠팡에도 곰곰이나 탐사 같은 브랜드가 있습니다. 이런 브랜드에도 콘셉트가 있습니다. 일례로 노브랜드 버거에는 'Why Pay More? It's Good Enough'라는 문구가 적혀 있습니다. 한마디로 이 정도로 충분한데 왜 더 지불해야 하냐는 뜻이죠. 앞서 프라이탁이나 테슬라, 그리고 노브랜드나 쿠팡의 PB에 대한 소비 심리는 왜 다르게 나타나는 걸까요?

흔히 낮에는 편의점 도시락을 먹으면서 저녁에는 오마카세를 먹는 양극화된 심리로 표현하기도 하는데요. 사실 이 두 가지는 다른 것이 아닙니다. 노브랜드를 살 때도, 프라이탁을 살 때도 품질에는 큰 차이가 없다는 심리가 깔려 있죠. 다만 소비자는 일상의 영역(일용품)에서는 돈을 아끼고, 내 취향(관심사)의 영역에 더 가치(프리미엄)를 두고 있을 뿐입니다.

따라서 우리 브랜드는 노브랜드나 유니클로, 다이소와 같은 일용품의 영역에 들어서 박리다매를 하거나, 명확한 취향을 파고들어야 하죠. 여러분이 후자의 길을 택한다면 우리의 첫 번째 과제는 고객이 가치를 느끼고 공감할 수 있는 콘셉트 또는 라이프 스타일이 무엇인지 명확히 정의해야 합니다.

(2) 공명하는 콘텐츠를 만들어야 합니다

그럼 다음 과제는 우리 브랜드 콘셉트를 알리는 광고를 제작해야 하는 것일까요? 그럴 수도 있겠지만 광고보다 더 중요한 것을 해야 합니다. 전통적인 미디어 환경에서 콘텐츠를 알리는 주체는 방송국이나 신문사였기에 우리 브랜드의 잠재 고객이 볼 만한 콘텐츠를 파악하고 그 콘텐츠에 광고를 붙일 수밖에 없었습니다. 하지만 광고를 통해서 우리 브랜드나 제품을 본 시청자들이 반드시 우리 고객이 된다는 법은 없습니다. 중요한 것은 그들이 우리 이야기에 공감해야 고객이 된다는 것입니다. 저는 이것을 종종 진동이 일치하는 것을 의미하는 공명resonance에 비유합니다. 모든 물체는 고유의 진동을 가지고 있습니다. 만약 어떤 물체가 자신과 일치하는 파동을 가진 외력을 만난다면 진폭은 더 커지죠. 파동은 우리 브랜드가 가진 '콘셉트'이고 고유의 진동은 곧 우리의 잠재 고객이 가진 '라이프 스타일'입니다. 따라서 우리는 라이프 스타일을 담은 콘텐츠를 만들어야 시너지 효과를 기대할 수 있죠.

그럼 라이프 스타일이 반영된 콘텐츠는 어떻게 만들어야 하는 걸까요? 우리도 프라이탁처럼 지구 환경, 인류의 미래 같은 것을 이야기해야 할까요? 힌트를 얻기 위해 사례를 하나 살펴보죠. 〈캠핑한끼〉라는 유튜브 채널을 보신 적이 있나요? 이 채널의 콘텐츠는 캠핑 가서 요리하는 것이 전부입니다. 대사도 없고 다른 채널과 차별되는 특별한 요소도 없죠. 하지만 자연과 음식에 집중하기 위해 다른 요소들은 모두 배제했고, 무엇보다 영상미가 뛰어나 구독자도 35만 명을 넘어섰습니다. 아마 여러분도 〈캠핑한끼〉의 영상을 보면 나도 어느 숲이나 캠핑장에 있는 것 같고, 당장 캠핑을 가고 싶은 생각이 들 것입니다.

여기서는 나도 저런 멋진 곳에서 나도 캠핑을 하고 싶다는 로망이 고객의 라이프 스타일입니다. 〈캠핑한끼〉는 그런 로망에 공명하는 콘텐츠인 것이죠. 그리고 〈캠핑한끼〉에는 꽤 많은 캠핑 장비들이 등장합니다. 아마도 소비자들은 나도 저렇게 멋진 캠핑을 하려면 어떤 제품을 써야 할까를 유심히 보게 되겠죠. 사실 집에 있는 도구들을 가져가도 상관없을 수도 있지만 마치 저 장비를 써야만 할 것 같습니다. 우리가 콘텐츠에서 제품보다 숨은 로망(멋진 캠핑)에 집중해야 하는 이유입니다.

(3) 라이프 스타일 커뮤니티 형성하기

다음 단계는 커뮤니티 형성하기입니다. 커뮤니티라고 하니 네이버나 다음 카페 같은 것을 떠올리셨을지 모르겠습니다. 예전에 이런 브랜드 커뮤니티를 개설하는 것이 유행이던 때가 있습니다. 커뮤니티에 회원들을 모아 이벤트를 진행하고, 소비자들이 만든 콘텐츠UGC, User Generated Contents 챌린지를 유도하는 형태로 운영됐습니다.

우리 브랜드의 '찐팬'을 모아 놓으면 장기적으로 광고비도 덜 들고, 소비자 콘텐츠도 확보할 수 있다는 판타지가 있었던 것 같은데요. 사실 찐팬이라는 것은 없습니다. 아니, 좀 더 정확히 표현하면 이런 팬을 가질 수 있는 브랜드는 애플과 나이키, 샤넬, 룰루레몬 같은 극소수에 불과하죠. 또는 브랜드의 오너가 인플루언서인 경우 정도만이 이에 해당합니다.. 한마디로 '슈퍼스타' 브랜드만 가능한 일입니다.

강력한 팬덤이 없는 브랜드들이 커뮤니티를 만들어봤자 케이크 위의 체리만 쏙 빼먹는 체리피커들만 양산할 뿐입니다. 소비자가 바라는 건 경품이나 할인뿐이죠. 따라서 커뮤니티는 제품이 아닌 '라이프 스타일 커뮤니티'여야 합니다. 이 부분은 사례를 통해 더 자세히 살펴보겠습니다.

커뮤니티에서 라이프 스타일 브랜드로

콘텐츠를 로망이라고 한다면 커뮤니티는 고객들의 참여입니다. 트레바리라는 독서 커뮤니티가 있습니다. 모임 장소나 형태에 따라 다소 차이가 있지만 4개월 동안 월 1회 독서 모임을 하는데 대략 20~40만 원 정도의 비용을 내야 합니다. 저도 이곳에서 독서 모임을 운영하고 있는데요. 제가 트레바리에 참여하고 있다고 말하면 사람들은 이렇게 묻곤 합니다.

> 근데 왜 굳이 돈을 내고 독서 모임을 하죠?
> 책은 어차피 내가 읽는데 트레바리가 하는 역할은 뭔가요?

이유가 뭘까요? 멤버 분들께 물어보니 이렇게 답하시더군요.

> 저도 왜 돈까지 내고 독서 모임을 해야 하나 처음엔 고민이 됐는데요. 결국 돈을 내고 '의지'를 사는 거 아닐까 싶어요. 트레바리를 하고 나서는 그래도 매달 한 권 책을 읽고, 귀찮아도 (돈을 냈으니) 독서 토론에도 참여하게 되거든요.

이 말에는 요즘 소비자들이 브랜드에 갖는 생각이 담겨 있습니다. 밑미 Meet me라는 서비스는 리추얼 ritual을 실천하는 커뮤니티입니다. 리추얼이란 규칙적으로 무언가를 하는 것을 뜻하죠. 문장 수집하기, 아침마다 글쓰기, 달리기 같은 것 등 무엇이든 그 대상이 됩니다. 요즘 소비자들은 이런 소소한 리추얼들이 모여서 나를 만든다고 생각합니다. 나만의 라이프 스타일을 만들기 위해 작은 리추얼을 수집(?)하기도 하죠. 이제 브랜드는 나의 리추얼을 상징하는 요소가 됐습니다.

그래서 트레바리를 한다는 것은 나도 **책을 읽는 리추얼**을 갖게 된다는 뜻입니다. 그리고 같은 리추얼을 가진 사람들 사이에 속할 수 있다는 이야기가 되죠. 트레바리의 대표적인 캐치프레이즈는 '혼자라면 읽지 않았을 책을 읽는다'는 것입니다. 커뮤니티를 통해 자연스럽게 책을 읽을 의지도 더 강해지는 선순환이 형성되는 거죠. 반대로 우리 브랜드에 어떤 리추얼이나 라이프 스타일을 반영하지 못한다면 소비자들의 선택을 받지 못할 가능성이 커집니다.

정리해보겠습니다. 어쩌다 마케터가 된 분들의 질문, 즉 마케팅이란 무엇인가라는 질문에 저 나름의 답을 해보겠습니다. 마케터는 고객을 창출해야 합니다. 그리고 고객을 창출하기 위해 정말 궁금증을 가져야 할 점은 '우리 브랜드는 어떤 라이프 스타일을 담아야 할까, 어떻게 고객과 공명할 수 있을까' 입니다. 이 질문에 대한 답을 찾는다면 자연스럽게 우리만의 콘텐츠를 만들어낼 수 있고 커뮤니티를 형성할 수 있습니다. 이러한 답을 찾는데 익숙해진다면, 언젠가 진짜 나만의 브랜드를 만들어내는 것도 가능하겠죠.

가치 이동: 생성의 시대, 그리고 노동의 종말

> 당신의 일자리를 빼앗는 건 AI가 아닌 AI를 잘 다루는 사람이다.
>
> ― 젠슨 황 (엔비디아 CEO)

마케팅에 대한 개념은 어렴풋이 알 것 같습니다. 하지만 우리에겐 한 가지 과제가 더 있죠. 이제 AI에 대해서도 알아야 합니다. 지피지기면 백전불태라 했으니 이번 절에서는 AI에 대해 좀 더 알아보겠습니다.

《챗GPT에게 묻는 인류의 미래》를 봅시다. AI에게 어떻게 질문을 '이해'하고 답을 할 수 있는지를 물으니 AI가 이렇게 답하죠.

> 챗GPT: 제가 당신의 질문을 이해하는 것처럼 보일 수 있지만, 실제로는 대답을 생성하기 위해 언어 속 패턴을 활용하고 있는 것뿐입니다.
>
> 김대식 교수: 언어 속 패턴을 이해하는 것뿐이라니…. 음…. 그건 인간도 마찬가지 아닐까?
>
> ― 《챗GPT에게 묻는 인류의 미래》, 김대식 · 챗GPT

챗GPT는 '이해'가 아닌 대답을 생성하기 위해 **패턴**을 활용하고 있을 뿐이라고 대답합니다. 김대식 교수의 말처럼 인간 역시 학교에서, 집에서 보고, 듣고, 배운 패턴을 적절히 다시 활용할 뿐이라고 생각할 수 있습니다. 인간도 챗GPT와 마찬가지로 '패턴'을 활용하는 것뿐이라면, AI는 엄청난 기억과 연산 능력까지 갖추고 있는데 우리는 무엇을 무기로 AI와 경쟁해야 살아남을 수 있을까요? 먼저 AI에 대해 좀 더 알아봐야겠습니다.

생성, 그리고 생각

챗GPT의 등장 이후 갑자기 '생성'이라는 단어가 많이 쓰이고 있죠. 그렇다면 생성은 무엇일까요? 우리가 자주 이야기하는 '생각'과는 또 어떻게 다를까요? 생성, 그리고 인공 지능에 대한 이해를 위해 간단하게나마 역사를 살펴보도록 하겠습니다.

    AI는 1956년 다트머스대학교에서 열린 학술대회에서 처음 그 개념과 이름이 제안됐습니다. 하지만 당시에는 학자들 사이에서나 화제가 되었고 일반인들까지 관심을 갖게 된 것은 크게 세 단계를 거친 뒤라고 볼 수 있을 것 같습니다.

    첫 번째는 디스토피아적인 미래를 그린 SF 영화에 등장한 대상들을 접했을 때입니다. 1968년 개봉된 〈2001 스페이스 오디세이〉에는 HAL이라는 컴퓨터가 있었고, 이후에도 〈블레이드 러너〉의 레플리칸트나 〈터미네이터〉 시리즈의 T-800과 T-1000, 〈매트릭스〉의 스미스 요원이 있었죠. 이런 영화에서 AI는 인류에게 위협이 되는 존재로 그려집니다. 그리고 두 번째는 인간과 컴퓨터가 대결했을 때입니다. 1997년 IBM의 딥블루가 체스 세계 챔피언 카스파로프를 이겼고, 2011년에도 IBM의 왓슨은 제퍼디 퀴즈쇼의 챔피언을 꺾었습니다. 그리고 2016년에는 구글의 알파고가 이세돌 바둑 9단을 4:1로 이겼습니다. 하지만 여기까지는 사실 우리와는 크게 관계없는 이야기들이었습니다. 체스나 바둑은 우리의 일상과는 그다지 관계없는 분야인데다, 딥블루나 알파고를 우리가 쓸 일이 없었으니까요.

하지만 세 번째로 챗GPT가 출시되면서 누구나 AI를 사용하게 되면서 양상이 바뀝니다. 그간 영화나 뉴스에서만 보던 AI를 드디어 현실에서 만나게 된 겁니다. 우리가 유독 챗GPT에 놀라워했던 비밀은 바로 그 이름 속에 숨어 있습니다. 챗GPT에서 GPT는 "Generative Pre-trained Transformer"의 약자입니다. Generative는 모델이 새로운 문장이나 텍스트를 '생성'할 수 있음을 나타냅니다. Pre-trained는 모델이 실제 작업을 수행하기 전에 대규모 데이터셋에서 '사전 훈련'되었음을 의미합니다. 마지막으로 Transformer는 GPT 모델의 핵심 아키텍처로, 딥러닝에서 사용되는 특정한 구조의 '변형'을 의미합니다. Transformer 아키텍처는 주로 텍스트 같은 시퀀스 데이터를 처리하는 데 탁월하며 Attention 매커니즘이 주요 구성 요소입니다. GPT와 같은 모델은 대규모 텍스트 데이터를 사용하여 사전 훈련되고, 그런 다음 질문 응답, 번역 등 특정 작업에 대해 미세 조정될 수 있습니다.

[1] 우리가 주목해야 할 '생성'

'GPT'라는 이름에서 우리가 가장 주목해야 할 부분은 바로 '생성

Generative'이라는 단어입니다. GPT의 다른 부분, 즉 Pre-trained나 Transformer는 그전에도 제한적으로나마 이미 활용하고 있었습니다. 예를 들어 우리가 검색을 하거나 알렉사, 시리 등에게 질문을 하면 보통은 'If A then B' 같이 A라고 질문하면 B라고 대답하라는 규칙에 따라 학습된 데이터로 결과를 보여주죠. 구글에서 제공하는 번역 서비스에도 변형 모델이 쓰입니다.

하지만 생성은 다른 차원의 개념입니다. 검색엔진 사이트에서 검색을 하면 다른 사이트나 블로그 등에 있는 정보를 찾아 보여주지만 생성은 기존의 정보를 그대로 보여주는 것이 아니라 질문에 따라 대답을 가공해서 보여준다는 점이 사전 훈련이나 변형과의 차이점입니다. 챗GPT가 소설이나 시를 만들기도 하고, 때로는 환각을 일으키는 것도 결국 이 생성과 관련이 있습니다.

이 생성은 꽤나 위협적입니다. 그 예로 2023년 할리우드 작가 조합WGA, Writer's Guild of America의 파업은 우리에게 시사하는 바가 큽니다. 할리우드 작가 조합은 미국의 영화, TV, 스트리밍 미디어 콘텐츠 작가들의 조합으로 파업 대상은 영화텔레비전제작자연맹AMPTP입니다. 파업의 원인은 크게 두 가지로 나눌 수 있는데, 첫째는 OTT 서비스의 대중화로 인한 수익 감소입니다. OTT 서비스는 기존의 방송사가 광고로 수익을 창출하는 것과 달리 구독료로 수익을 냅니다. 제작비를 줄이기 위해 연맹은 작가들의 임금을 삭감하거나 참여를 줄이는 등의 조취를 취하고 있었습니다. 둘째는 인공지능의 등장으로 인한 고용안정성의 위험입니다. 인공지능은 작가의 역할을 일부 대체할 수 있는 잠재력이 있으며, 이를 우려한 작가들이 고용안정을 요구하며 파업을 벌였습니다. 이 파업에는 미국배우조합SAG-AFTRA이 동참하며 더욱 확대되었고 1959년 이후 63년 만에 할리우드 양대 노조가 동반 파업에 나선 것으로 파업의 파급력을 더욱 키웠습니다.

아마도 WGA의 작가들은 AI가 '작가의 역할을 일부 대체'할 잠재력이 있다는 우려를 했던 것 같습니다. 다른 사례와 비교를 해보면, 몇 년 전 우버가 한국에 진출했을 때, 또 카카오택시와 타다가 서비스를 시작했을 때 택시 업계는 강하게 반발했습니다. 하지만 관련 업계에 종사하는 분들이 아니라면 여론은 오히려 신기술의 도입에 호의적이었죠. 소비자 입장에선 좀 더 친절하면서 가격도 더 저렴하게 이용할 수 있는 서비스를 반대할 이유가 없으니까요.

그렇다면 우리는 WGA 파업에 대해서도 같은 입장을 고수할 수 있을까요? 택시 파업 때와 마찬가지로 남의 일(대체로 작가들)에 국한된 일이라고 볼 수도 있을까요? 그저 작가들이 지나친 상상력이 만들어낸 기우일까요?

생성과 생각의 차이

AI는 인간의 뇌, 그리고 사고 프로세스를 본떠 만들었다고 합니다. 따라서 인간의 능력을 100% 복제한 것이라면 결국 우리는 AI에 대체될 수밖에 없습니다. 그렇다면 우리는 살아남기 위해 AI가 가지지 못한 부분을 강화해야 한다는 뜻이 됩니다. 물론 그런 부분이 있다면요.

인간만이 가지고 있는 능력을 알아보기 위해 과거의 사례를 살펴보겠습니다. 미술사, 특히 회화의 시대에서 현대 미술 시대로 넘어갈 때 일어나는 일들은 아날로그에서 디지털로 미디어의 변화를 겪어온 마케터들에게도 큰 시사점을 주기 때문이죠.

〈인생의 두 갈래 길〉, 오스카 구스타브 레일랜더

위 작품은 오스카 구스타브 레일랜더의 1857년 작인 〈인생의 두 갈래 길〉입니다. 레오나르도 다빈치의 〈최후의 만찬〉이나 라파엘로의 〈아테네 학당〉 같기도 해서 좀 익숙한 느낌도 있으시겠지만, 사실 이 작품은 그림이 아닌 사진입니다. 원래 사진사였던 레일랜더는 예술가가 되고 싶었던 것 같습니다. 당시 그가 생각한 예술은 곧 회화였기에 카메라로 회화를 흉내 낸 거죠.

　이 작품은 작품성을 떠나서 회화 시대의 종말에 대한 상징적인 작품이라는 점에서 미술사에서는 굉장히 중요한 위치를 차지하고 있습니다. 이제 레일랜더처럼 그림에 재능이 없는 사람이라도 예술 작품을 흉내 낼 무언가를 만들 수 있게 된 겁니다. 카메라의 능력에 충격을 받

〈스페이스 오페라 극장〉, 제이슨 앨런

은 예술가들은 점차 그리기를 포기하게 됩니다.

좀 더 극단적인 사례를 보죠. 챗GPT나 AI에 관심이 많은 분이라면 많이 보셨을 위의 그림은 제이슨 앨런이라는 게임 기획자가 AI 소프트웨어인 미드저니Midjourney를 이용해 만든 작품(?)입니다. 앨런은 붓터치 한 번 없이 프롬프트만으로 만들어진 이 작품을 콜로라도 주립박람회 미술대회에 제출해 우승을 차지했습니다. 그는 우승 소감으로 "AI가 이겼고 인간이 졌다"고 말했죠.

많은 언론에서 AI의 엄청난 능력을 소개하는 사례로 사용했지만 우리가 주목해야 할 것은 '노력'이라는 영역이 사라졌을 때 달라지는 업의 개념입니다. 미술이란 무엇일까요? 위키백과에서 찾아보니 '미美를 재현 또는 표현하는 것을 목표로 하는 여러 재주 또는 기예術'라고 되어 있습니다. 이제 '술術'에 해당하는 재주 또는 기예는 더 이상 필요하지 않습니다.

그래도 레일랜더는 많은 모델들을 모으고 여러 번의 합성을 거쳐 작품을 완성했지만, 제이슨 앨런은 물감이나 카메라는 물론이고 포토샵조차 사용하지 않았습니다. 노력이라는 영역은 점차 사라지게 되는 거죠. 앨런의 소감대로 이제 인간은 기술에 패배한 걸까요?

(1) 기술을 이기는 개념(콘셉트)

카메라라는 거대한 빌런(?)의 등장에 예술가들은 어떻게 대응했을까요? 묘사라는 영역에서 카메라와 경쟁이 불가능하니 '개념'을 내세운 개념 미술conceptual art로 맞섰습니다. 마르셀 뒤샹은 〈샘〉에서 변기를, 마우리치오 카텔란은 〈코미디언〉에서 바나나를 두고 작품이라 한 것처럼 현대의 예술가들은 새로운 개념을 창안했습니다. **노력**의 가치가 완전히 사라진 것은 아니지만 작품 하나를 만들기 위해 수없이 많은 붓질과 망치질을 하던 시대는 끝났습니다. 이제 그들은 콘셉트 또는 영감으로 승부하는 겁니다. 다음의 그림을 한번 보시죠.

조지프 코수스의 〈하나이면서 셋인 의자〉를 모사한 오른쪽의 그림은 무엇이 진짜 '의자'인가를 묻고 있습니다. 그림 가운데에 있는 우리가 앉을 수 있게 나무 같은 것으로 만들어 놓은 물체가 의자인지, 또는 그림 왼쪽에 걸린 다리와 등받이가 있는 어떤 이미지가 의자인지, 그것도 아니면 오른쪽에 붙어 있는 의자의 개념 정의가 의자인지를 묻는 거죠.

이 그림은 가치의 이동이라는 관점에서 보면 매우 흥미롭습니다.

과거에는 실물 의자가 가장 중요했지만 시간이 지나며 실물 의자(제품)보다 인스타그램 사진이나 유튜브 영상이 더 중요해졌고, 이제는 그런 사진이나 영상보다 개념이 중요합니다. 이제 프롬프트 몇 줄이면 영상이나 이미지, 심지어 3D 프린터로 실물 의자까지 바로 만들어낼 수 있는 시대가 됐으니까요.

여기에서 인간의 진짜 능력을 알 수 있습니다. 카메라와 AI 등 어떤 기술적인 진보와 관계없이 새로운 개념을 만들어낼 수 있는 것은 오직 인간의 **'생각'**입니다. 그리고 이제 생성은 곧 자본이 됩니다. 과거에는 내 생각을 상품화하려면 생산시설과 마케팅 비용 등 많은 투자가 필요했죠. 1%의 영감과 99%의 노력을 강조한 에디슨이 전구를 발명하기 위해 수천, 수만 번의 실험을 해야 했던 것처럼 말입니다. 하지만 이제는 〈어벤저스〉의 토니 스타크처럼 나에게는 아이디어(Inspiration)가 있으니 실행은 AI에게 맡기면 됩니다. GPT 플러스의 한 달 요금인 2만 9천 원이면 토니 스타크의 명령을 수행하는 자비스를 마음대로 부릴 수 있는 시대가 됐으니까요.

다만 생성이 자본과 다른 점도 있습니다. 매달 꼬박꼬박 이자가 생기는 자본과 달리 생성은 아무것도 하지 않으면 이자를 주지 않거든요. 생성은 생각과 곱셈 관계에 놓여 있습니다. 아무리 뛰어난 AI가 등장하더라도 내 생각이 0이라면 아무 가치가 없습니다. 따라서 늘 생각하는 습관을 들여야 합니다.

결국 생성의 시대는 에디슨이나 스타크처럼 뛰어난 천재들만이 더욱 편해지는 빈익빈 부익부의 시대가 되는 걸까요? 그렇지 않습니다. 이어서 '생성'을 어떻게 활용할 수 있는지, 그리고 '생각'은 어떻게 훔칠 수 있는지 알아보겠습니다.

AI 시대, 이기는 마케터 되기

> 평생 해온 경기에 대해 우리는 믿기지 않을 정도로 무지하다.
> — 미키 맨틀(야구선수)

지금까지의 내용으로 앞으로는 '생성'과 차별화되는 '생각'이 중요하다는 것을 이해하셨으리라 생각됩니다. 하지만 이 책을 읽는 분이라면 생각을 구현하는 AI를 활용해서 '일잘러'가 될 방법을 더 궁금해 하실 것 같은데요. 마케팅에 대해서도 알았고, AI의 개념에 대해서도 파악했다면 이제 나는 어떻게 AI를 활용하면 일을 잘할 수 있을지 알아볼 차례입니다.

일잘러의 조건

일잘러의 필수조건은 크게 두 가지로 정의할 수 있습니다. 먼저 **핵심성공요인** KSF, Key Success Factor 을 정확히 알아야 하고 다음으로 **실행역량** execution capability 이 있어야 하죠. 먼저 내가 다니는 직장, 또는 나의 '업'

에서 성공하기 위한 요소는 무엇인가를 정확하게 알아야 하고, 또 그것을 실행할 수 있는 능력도 갖추고 있어야 한다는 뜻이죠. 핵심성공요인은 보통 개념의 영역이고 실행역량은 기능 또는 노력의 영역입니다. 하지만 보통 '일을 잘한다'라는 표현은 후자인 실행역량이 뛰어나다는 것을 의미합니다. 사람들은 자신이 핵심성공요인을 이미 잘 알고 있다고 생각(착각)하고 있거든요. 하지만 앞서 살펴본 대로 이제는 '개념'을 잘 알아야 합니다.

이번 절의 인용문은 영화 〈머니볼〉에서 가져왔는데요. 이 말은 영화의 내용뿐 아니라 제가 우리의 일에 대해 이야기하고 싶은 것을 함축하고 있습니다. 〈머니볼〉은 미국 메이저리그 팀인 오클랜드 애슬레틱스의 2002년 시즌을 다룬 작품입니다. 단장 빌리 빈(브래드 피트 분)은 예산 부족으로 핵심 선수들을 잃게 되자 스카우트의 감에 의존하는 전통적인 스카우팅 방식 대신 통계와 데이터를 기반으로 선수들을 영입하는 새로운 접근법을 도입합니다. 그는 경제학을 전공한 피터 브랜드(조나 힐 분)와 함께 저평가된 선수들의 리스트를 작성하며 이 팀으로 시즌을 준비합니다. 이 새로운 접근법은 초기에는 많은 반발을 샀지만 팀은 역대 최장 연승 기록인 20연승을 기록할 정도로 승승장구합니다. 돈이 많은 것도 아니고 스타플레이어를 보유한 것도 아닌 중소규모의 구단인 오클랜드 애슬레틱스가 20연승이나 기록할 수 있었던 이유는 무엇일까요?

전통적인 관점에서 야구는 야잘잘, 야구는 잘하는 사람이 잘한다는 말이 있습니다. 잘하는 사람이란 일반적으로 타격, 주루, 수비, 어깨, 파워 등을 두루 갖춘 5툴tool 선수를 뜻합니다. 이런 선수를 많이 보유하고 있으면 강한 팀이 되죠. 문제는 이런 선수들을 데려오거나 유지하려면 많은 돈이 든다는 점입니다. 이런 구조에서 오클랜드 같은 가난한 구단은 절대 우승이 불가능합니다.

> 다들 야구라는 스포츠에 대해 이해를 못하고 있어요. (중략) 팀 운영자들은 선수를 사는 일만 신경 쓰죠. 중요한 건 선수가 아닌 승리를 사는 거에요. 승리하려면 득점할 선수를 사야죠.
>
> —〈머니볼〉, 피터 브랜드

피터는 선수가 아니라 승리를 사는 것이 중요하다고 말하죠. 그리고 승리를 사는 방법은 '**1개의 베이스를 더 나가서 득점을 하는 것**'이라고 정의합니다. 하지만 야구, 베이스볼baseball은 원래 그런 게임이었습니다. 이것이 '야구의 본질'입니다.

5툴 선수가 필요하다는 것은 한 베이스를 더 가기 위한 하위 요소이자 실행역량일 뿐 핵심성공요인이 아닙니다. 에어비앤비가 객실 없이도 세계 최대의 숙박 업체가 되고, 우버가 자동차 없이도 세계 최대의 택시회사가 된 것처럼 기술은 과거에 중요한 가치라고 생각했던 수단을 생략하게 만듭니다. 카메라가 묘사를, 디지털이 미디어라는 마케팅 수단을 삼켜 버리는 과정과 비슷하죠. 머니볼의 경우를 다시 살펴보죠. 오클랜드는 야구의 본질에 집중하고 데이터라는 무기를 활용해서 혁신을 만들었습니다. 스타플레이어가 아닌 출루율이 높거나 능력에 비해 저평가된 선수들을 스카우트하죠.

업의 본질을 제대로 깨닫고, 새로운 기술을 활용하면 총연봉이 최

하위권인 가난한 구단이 20연승을 하고, 스타트업이 대기업을 꺾는 일이 발생합니다. 오클랜드 애슬레틱스와 달리 아메리칸 리그 서부지구의 텍사스 레인저스는 많은 돈을 주고 비싼 선수를 영입했음에도 성적은 좋지 않았습니다. 2002년 103승을 기록한 오클랜드의 선수 연봉 총액은 4000만 달러였고 텍사스의 연봉 총액은 1억 700만 달러였지만 72승밖에 기록하지 못한 것이 그 사례입니다. 한 베이스를 더 가면 이긴다는 '콘셉트'에 출루율이 높은 선수라는 '패턴'을 적용해서 만들어낸 결과라고 할 수 있죠.

우리가 생성을 활용할 방법도 마찬가지입니다. 우리 업의 핵심성공요인을 찾은 뒤에 생성의 도움을 받는다면 디스럽션의 희생양이 아닌 주인공이 될 수 있습니다. 하지만 여기서 또 다른 의문이 생길 수 있습니다. 그 핵심성공요인은 어떻게 찾아야 하는 걸까요?

핵심성공요인 훔치기

> 좋은 예술가는 베끼고, 위대한 예술가는 훔친다
>
> — 파블로 피카소 (화가)

제품을 카피하는 것이 베끼는 것이고, 개념을 내 것으로 만드는 것을 훔친다라고 표현할 수 있을 것 같습니다. 대표적인 사례로 유니클로 창업자인 야나이 다다시를 들 수 있습니다. 그는 맥도날드 전 회장이었던 레이 크록의 《사업을 한다는 것》 추천사에서 유니클로가 어떻게 맥도날드를 벤치마킹했는가를 밝히고 있습니다.

레이 크록이 주장한 '언제, 어디서나, 누구든 먹을 수 있는' 음식이라는 패스트푸드의 개념에 자극받아 '언제, 어디서나, 누구든 입을 수 있는' 의류 체인을 만들자는 구상을 했다. 우리 회사 이름인 패스트리테일링의 '패스트'도 패스트푸드의 '패스트'에서 가져온 것이다.

—《사업을 한다는 것》, 레이 크록

이 추천사의 제목은 〈유니클로가 맥도날드에서 배운 성공 방정식〉입니다. 그럼 유니클로는 맥도날드의 유사품으로 봐야 할까요? 아마 그렇게 생각하시는 독자 분은 없을 겁니다. 야나이 다다시는 피카소의 말처럼 '개념을 훔쳐서' 자신의 사업에 적용했을 뿐이죠. 이는 레이 크록도 마찬가지였는데 레이 크록은 사실 맥도날드를 처음 만든 사람이 아닙니다. 처음 패스트푸드의 개념을 만든 것은 맥도널드 형제거든요.

레이 크록은 원래 햄버거가 아닌 믹서를 팔고 있었습니다. 고객 중 하나인 맥도날드 매장에서 지나치게 주문이 많이 들어오자 그 이유를 알아보기 위해 방문했다가 충격을 받았죠. 맥도널드 형제는 햄버거를 만드는 공정을 표준화해서 엄청나게 빠른 속도로 음식을 제공하고 있었던 겁니다. 이때 레이 크록은 전국, 전세계에 퍼져 있는 맥도날드 프랜차이즈를 떠올렸다고 합니다. 엄청난 돈을 벌 수 있다는 확신과 함께요. 야나이 다다시도 마찬가지입니다. 레이 크록이 패스트푸드의 개념에 프랜차이즈를 접목시켜서 성공했듯, 야나이 다다시는 패스트푸드와 프랜차이즈의 개념을 의류 산업에 적용한 겁니다.

즉, 야나이 다다시가 쓴 추천사의 제목처럼 업계마다 나름의 '성공 방정식', 일정 부분 '패턴'이라는 것이 있다고 볼 수 있습니다. 이러한 패턴은 사업을 성공시키기 위한 목적 외에도 제안서를 만들거나, 웹사이트나 콘텐츠 제작 등에도 두루 적용됩니다. 그리고 이 패턴들은 챗GPT를 비롯한 AI에 적용되어 있습니다. 우리는 이러한 패턴들을 잘 활용하면 되는 것이죠.

그런데 패턴만 알면 누구나 성공할 수 있는 걸까요? 야나이 다다시나 레이 크록은 무엇이 달랐기에 엄청난 성공을 거두게 된 걸까요? 두 사람에게는 명확한 목표가 있다는 공통점이 있었습니다. 레이 크록의 목표는 많은 돈을 버는 것이었죠. 레이 크록이 맥도널드 형제가 운영하던 햄버거 레스토랑을 처음 봤던 날을 회상하는 내용을 보면 힌트가 될 듯 합니다.

> 그날 밤 모텔 방에서 낮에 본 광경을 몇 번이고 다시 떠올렸다. 전국의 교차로마다 맥도널드 매장이 서 있는 광경이 머릿속을 지나갔다. 물론 매장마다 여덟 대의 멀티믹서가 돌아가면서 내 주머니를 불려주리라.
>
> — 같은 책

레이 크록과 야나이 다다시의 공통점은 꼭 이루고 싶은 명확한 목표가 있었다는 점입니다. 성공의 패턴 또는 방정식은 그런 사람들에게 보이게 마련이죠. 따라서 명확한 목표가 있다면 성공의 패턴이 보이기 마련이고, 두 개가 접목되면 나타나는 것이 바로 핵심성공요인이라고 할 수 있습니다. 결론적으로 핵심성공요인은 기술이 아닌 안목이라고 할 수 있습니다. 레이 크록이 맥도널드 형제의 것을 훔치고, 야나이 다다시가 레이 크록의 것을 훔치는 것처럼요. 앞서 언급했던 〈머니볼〉에서도 야구의 본질에 대해 이야기한 '피터'는 원래 오클랜드 애슬레틱스의 직원이 아니었습니다. 명확한 목표(야심)가 있던 빌리 빈의 눈에 띄어 스카우트된 거죠.

1장을 시작하며 인용했던 문구와 같이 결국 이 안목을 키우기 위해서는 나의 고객을 이해하는 것에서 시작합니다. 무엇을 얼마나 잘 만들 것인가가 아닌, 고객에게 어떤 가치를 제공할 것인가를 생각해야 하죠. 그리고 AI를 활용한다면 훨씬 더 빨리, 더 멀리 갈 수 있습니다. 이 책의 구성은 AI와 함께 기획을 하는 것과 실행을 하는 부분으로 나뉘어 있습니다. 그 전에 먼저 AI는 무엇인지 좀 더 자세히 알아봐야겠습니다.

2장

나도 이제 AI 좀 아는 사람

> 미래는 이미 와 있다. 단지 균등하게 오지 않을 뿐이다.
>
> — 윌리엄 깁슨(SF 작가)

여러분은 AI에 대한 최신 정보를 꾸준히 업데이트하고 계신가요? 대부분 챗GPT가 한참 이슈였던 2023년 상반기까지의 정보가 마지막일 것 같습니다. 하지만 그 사이에도 AI는 엄청나게 변했습니다. 그래서 이번 장에서는 챗GPT 출시 후 AI 업계의 전반적인 흐름에 대해 한번 정리해보도록 하겠습니다.

본격적인 AI 전쟁이 촉발된 시점은 OpenAI가 챗GPT를 출시한 2022년 12월입니다. 이후 웬만한 빅테크 기업들은 모두 참전을 선언합니다. 구글은 현재 제미나이 Gemini의 전신인 바드 Bard를 출시해 반격을 시작했고, 마이크로소프트는 빙 Bing 검색과 윈도, 오피스 등에 코파일럿 Copilot이라는 AI를 적용했습니다. 메타(페이스북)나 네이버 등은 물론 삼성, LG, KT 등의 대기업들도 저마다의 AI 전략을 세우고 뛰어들었죠. 그야말로 세계대전 급의 AI 전쟁이 시작됐다고 할 수 있습니다.

시장을 선점한 OpenAI 역시 가만히 있지 않고 2023년 11월에는 맞춤형 AI GPTs를 발표하고, 이후 텍스트로 영상을 만들어내는 Sora에 이어 로봇 개발 회사인 Figure와 공동으로 인간형 AI 로봇을 공개하기도 했습니다. 그리고 챗GPT 5.0 이야기가 나오고 있죠.

그렇다면 이제 AI 전쟁은 OpenAI의 승리로 끝나는 걸까요? 만약 그렇다면 앞으로 IT 업계의 흐름은 어떻게 될까요? 앞서 AI 전쟁이라는 표현을 썼습니다. 이런 큰 전쟁 후에는 패권이 움직이기 마련입니다. 역사를 돌아보면 춘추전국시대 이후 중국의 패권은 진나라에게 넘어갔고 이후 수천 년이 지난 지금도 차이나(진에서 유래된 이름)라는 이름이 남아 있습니다. 두 번의 세계 대전 이후 전세계 패권은 유라시아(정확히는 영국)에서 신대륙(미국)으로 넘어갔고 지금껏 유지되고 있죠.

 AI 전쟁의 향방에 따라 향후 경제는 물론 우리의 일상도 바뀔 겁니다. 2장의 관전 포인트는 OpenAI의 천하통일이냐, 아니면 춘추전국시대의 시작이냐가 될 것 같습니다. 결론은 이미 정해졌다고 생각하는 분도 있겠지만 섣부른 판단은 절대 금물입니다.

챗GPT의 파죽지세

> 생성AI는 창의성을 민주화하고 누구나 자신을 흥미롭고 새롭게 표현할 수 있도록 돕는다.
>
> — 샘 올트먼(OpenAI CEO)

2023년 11월은 OpenAI의 CEO인 샘 올트먼의 해임 사태로 다소 시끄러웠죠. 사태의 원인은 AI 개발의 속도를 늦출 것을 주문하는 이사회와 그에 반대하는 샘 올트먼 간의 갈등으로 알려져 있습니다. 하지만 샘 올트먼의 압승으로 끝나면서 OpenAI는 AI 개발에 더 속도를 낼 것이라는 견해가 많습니다. 우리가 OpenAI의 행보에 더 주목해봐야 할 이유죠.

OpenAI와 챗GPT의 탄생

챗GPT를 만든 OpenAI는 어느날 갑자기 등장한 회사 같지만 2005년에 설립됐습니다. 잘 알려져 있듯 창업자들의 면면 또한 엄청납니다.

테슬라의 일론 머스크, 페이팔의 설립자이자 《제로 투 원》의 저자인 피터 틸, 링크드인 회장인 리드 호프먼 등이 세계적인 스타트업 투자회사인 Y콤비네이터의 CEO였던 샘 올트먼과 '인류를 위한 AI'를 만들자며 설립한 회사입니다.

 2022년 12월 OepnAI는 GPT3.5를 발표합니다. 성능 면에서는 기존의 GPT3.0과 큰 차이가 없었지만 대화 기능이 추가돼 일반인들도 쉽게 사용할 수 있게 되면서 사용자가 폭발적으로 증가하게 됩니다. 이때부터 **챗GPT**라는 이름이 붙게 되죠. 물론 그 전에도 '심심이'나 '이루다' 같은 챗봇이나, 애플의 시리Siri나 아마존의 알렉사Alexa 같은 AI 스피커들이 있었지만 그것들이 'If-then' 형태처럼 정해진 틀 안에서 움직였다면 챗GPT와의 대화는 사람, 그것도 나보다 똑똑한 사람과의 대화처럼 자연스럽다는 점에서 혁신적이었습니다.

챗GPT의 진화 : 올 인 원 All-In-One

GPT3.5가 발표된 지 1년 정도 지난 시점에서 챗GPT의 변화는 크게 두 가지로 간추려 볼 수 있을 듯 합니다. 첫 번째는 그리기나 데이터 분석 등의 기능이 하나로 통합된 멀티모달의 적용이고, 두 번째는 GPTs의 출시라고 할 수 있습니다. 그리고 챗GPT는 이러한 기능을 모두 챗GPT에 통합하고 있습니다. 원래 별도의 서비스였던 달리Dall-E도 챗GPT 안으로 흡수됐고, 모드 전환을 통해 제공되던 데이터 분석이나 검색 역시 하나의 프롬프트 창 안에서 해결할 수 있도록 통합했습니다.

(1) 멀티모달 : 보고, 듣고, 말하고, 그리는 챗GPT

먼저 첫 번째 기능 통합부터 살펴보겠습니다. 기존의 챗GPT는 축적해둔 지식을 기반으로 사용자의 질문에 맞는 대답을 내놓거나 글을 써달라는 요청에 응대할 수 있었습니다. 하지만 이제 챗GPT는 보거나 들을 수 있고, 그림을 그리거나 그래프를 만들어줄 수도 있게 됐죠. 또 서버에 저장되어 있던 내용 외에 빙에서 새로운 정보를 검색해서 활용을 할 수도 있습니다.

보고 듣는 챗GPT (멀티모달의 적용) : 그간 '필담'만 가능했던 챗GPT가 이미지를 인식하고 음성으로 대화를 나눌 수 있습니다. 이를 멀티모달multimodal이라고 합니다. 멀티모달은 다양한 형태의 모드를 사용하는 것을 말합니다. 여기서 '모드'는 정보를 전달하기 위한 매체나 수단을 의미합니다. 즉, 멀티모달은 시각, 청각, 후각, 촉각, 미각 등으로 이해할 수 있는 모드가 확장되는 것을 의미하죠.

기존에 우리가 AI에게 질문을 하기 위해서는 우리가 보고 들은 것을 일일이 글로 입력해야 하는 과정을 거쳐야 했죠. 어렵지는 않지만 상당히 귀찮은 일입니다. 또 이 과정에서 누락이 되는 정보도 있고, 글로 표현하기 애매한 내용도 있습니다. 그뿐 아니라 대상의 이름이나 용어를 우리가 몰라서 설명할 수 없을 때도 있습니다.

하지만 멀티모달이 가능해지면서 챗GPT는 인간과 같거나 또는 더 많은 정보를 습득하고 반대로 우리에게 설명을 해줄 수 있게 됐습니다. 글로 표현하기 어려운 것은 직접 그림으로 그려 이해를 시켜줄 수도 있죠. 예를 들어, 웹 사이트를 그림으로 그려서 코딩을 요청할 수도 있고, 냉장고 안의 재료 이름을 하나하나 글로 적지 않고 사진을 찍어 업로드하고 이 재료로 어떤 요리를 하면 좋겠냐고 물어볼 수도 있습니다. 게다가 이런 요청을 텍스트로 작성할 필요 없이 진짜로 대화를 하듯이 요청할 수 있으니 이제 '프롬프트'라는 말을 사용할 날도 얼마 남지 않았다고 추측할 수 있습니다.

검색하는 챗GPT: 챗GPT의 한계로 자주 거론됐던 것이 학습하고 난 뒤의 최신 정보를 담고 있지 않다는 점이었습니다. 예를 들어 GPT3.5는 2021년 데이터까지만 학습했기 때문에 2022년 대한민국의 대통령이 누구냐는 질문에 엉뚱한 답을 하기도 했죠. 또 대부분 영어로 된 정보를 바탕으로 했기 때문에 한국의 실정을 잘 알지 못한다는 문제가 있었습니다. 하지만 이제 빙 검색과 연동해서 최신 정보나 챗GPT가 알지 못하는 내용에 대한 내용에 대해서도 답변을 할 수 있습니다.

챗GPT는 우리가 질문을 하면 문맥을 파악하고 검색이 필요한 질문인지를 판단해서 검색 여부를 결정합니다. 최근에는 요청한 내용에 대한 답을 할 수 없을 경우 챗GPT가 먼저 검색 여부를 묻기도 합니다. 만약 검색이 필요한 질문임에도 검색 없이 그냥 답을 한다면 직접 'OO을 검색한 후 답을 해줘'라고 요청하면 됩니다. 다만 잘못된 내용을 인용했을 수도 있으니 검색해서 나온 결과를 무조건 믿지 말고 검수하는 과정이 필요합니다.

그림 그리는 챗GPT(달리 3.0): 원래 OpenAI가 제공하는 별도의 서비스였던 달리가 3.0으로 업그레이드되면서 챗GPT와 통합됐습니다. 이제 그림이 필요하면 챗GPT에 바로 요청할 수 있죠. 글쓰기를 넘어 그림으로까지 영역을 넓히고 있습니다.

'우주여행을 하는 코숏 그림을 그려줘'라고 요청해보았더니 바로 그림을 그려줍니다. 요청할 때 색상이나 스타일, 이미지의 비율 등을 구체적으로 지정할 수도 있습니다. 기본적으로 정사각형 모양의 이미지를 만들지만 16:9 비율로 만들어달라고 요청하면 위의 그림처럼 만들어줍니다. 단, 저작권이나 초상권 등에 문제가 있는 그림은 대체로 거부하죠.

그림을 요청할 때 주의할 점은 생성된 이미지 상에 한글이 들어가면 그림이 깨지는 현상이 발생한다는 점입니다. 영어의 경우 조금 더 안정적이지만 가급적 텍스트가 들어가지 않는 형태로 요청을 하는 것이 좋습니다.

(2) 맞춤형 AI : MyGPT

2023년 11월 OpenAI가 발표한 GPTs는 한마디로 앱스토어(GPT 스토어)이자 나만의 AI를 만들 수 있는 '빌더Builder'입니다. 이날 행사에서 샘 올트먼은 자신이 그동안 썼던 글이나 강연 등을 모아서 스타트업 멘토Startup Mentor라는 AI를 만들었는데요. 프롬프트에서 스타트업과 관련한 여러 질문을 하면 샘 올트먼이 등록해둔 자료에 근거해서 AI가 답을 해주게 됩니다.

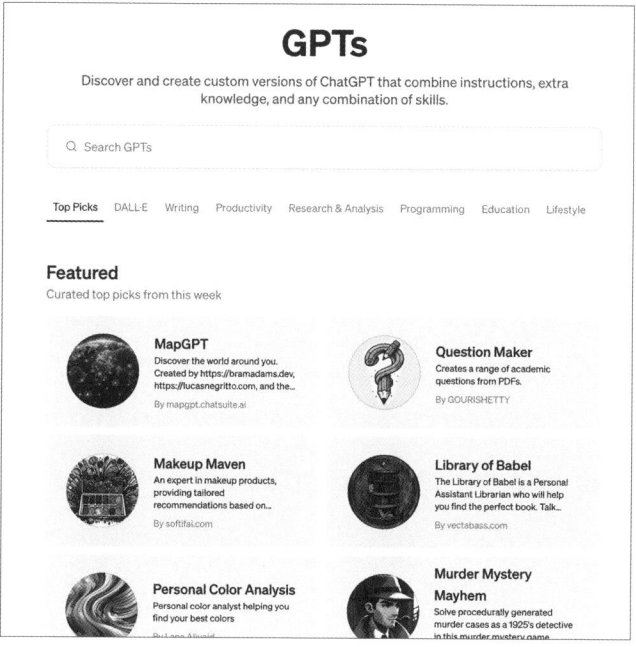

GPT 스토어에 실린 맞춤형 GPT들.

2024년 1월, GPT 스토어가 공개된 이후 많은 기업과 개인이 GPT 스토어에 맞춤형 GPT를 공개했습니다. 현재 GPT 스토어에 방문하면 로고를 만들어주는 Logo Creator, 인스타그램이나 파워포인트 등의 디자인을 위한 템플릿을 제공하는 Canva, 영상을 만들어주는 Video GPT by VEED, 2억 개 이상의 논문 정보를 담고 있는 Consensus 등이 서비스 되고 있습니다.

　이들 서비스는 챗GPT의 환경, 즉 대화를 통해 사용자가 필요한 것을 요청하면 각 서비스 제공 기업의 기술을 결합해 결과물을 제공해 줍니다. 예를 들어 여행 후기에 사용할 인스타그램 템플릿을 Canva의 GPT에 요청하면 결과물들을 보여주고 만약 이를 수정하려면 Canva의 서비스에 접속을 하면 되는 거죠.

(3) 마이크로소프트와의 협업.

사실 OpenAI가 챗GPT에 집중하는 이유에는 OpenAI의 대주주인 마이크로소프트와의 관계 문제도 있습니다. OpenAI의 기술 대부분이 마이크로소프트의 제품에 적용되고 있기 때문인데요. OpenAI는 마이크로소프트가 진출하지 않은 영역에 집중하고 있다고 할 수 있습니다.

　마이크로소프트는 챗GPT와 같은 대화형 생성 AI로 코파일럿을 서비스하고 있습니다. 코파일럿은 달리의 이미지 생성 기능이나 노래 만들기 등을 무료로 제공하고 있죠. 또 윈도에도 코타나 대신 코파일럿을 기본으로 장착하고 워드와 엑셀, 파워포인트를 사용할 수 있는 구독 서비스인 마이크로소프트365에도 코파일럿의 도입을 강화하고 있습니다.

　PC 시대를 대표하던 마이크로소프트가 인터넷이나 모바일에서는 구글과 애플에 밀렸지만 OpenAI와의 협업을 통해 AI 시대를 다시 주도하게 되는 상황이죠. 2024년 2월 마이크로소프트가 10년 넘게 시총 1위 자리를 지키던 애플을 밀어낸 것은 상징적인 사건이라고 할 수 있습니다.

빅테크의 절치부심

챗GPT의 등장 이후 '이제 구글의 시대는 끝났다'처럼 자극적인 기사들이 쏟아졌습니다. 실제로 챗GPT와 연동한 빙 검색엔진의 점유율이 오르는 중이라는 보도도 나왔죠. 하지만 현 시점에서 보면 유의미한 변화는 아직 나타나지 않고 있습니다. AI라는 분야에서만 보면 챗GPT가 압도적인 것이 분명하지만, 검색 등을 포함한 전체 시장에서 보면 찻잔 속의 파도 수준이라고 할 수 있죠.

그렇다면 구글을 비롯한 다른 빅테크 기업들에게도 아직 기회가 있는 걸까요? 이번 절에서는 OpenAI 외의 기업들이 어떤 전략으로 대응하고 있는지 살펴보도록 하겠습니다.

통합하는 챗GPT와 분리하는 구글

앞서 살펴본 대로 OpenAI는 올 인 원 전략을 구사하고 있습니다. 챗GPT 하나로 모든 것을 해결할 수 있는 시스템을 구축하고 있죠. 그에 반해 구글의 바드나 네이버의 클로바 X의 성능은 아직 그 정도까지는 아니어서 파괴력이 현저히 떨어져 보입니다. 선발 주자가 아닌 후발 주자는 어떻게 해야 할까요?

　마케팅 분야의 고전이자 최고의 스테디 셀러라고 할 수 있는 《마케팅 불변의 법칙》에서 가장 먼저 등장하는 법칙이 〈리더십의 법칙〉입니다. 최고보다는 최초가 낫다는 내용이죠. 사람들은 첫 번째로 대서양을 단독 횡단한 찰스 린드버그의 이름은 기억하지만 두 번째로 횡단한 사람의 이름은 잘 모른다는 예를 들고 있습니다. 그럼 구글이나 네이버 같은 후발주자에게는 기회가 영영 사라진 걸까요? 아닙니다. 《마케팅 불변의 법칙》에서는 바로 다음 장인 〈카테고리의 법칙〉에서 대안을 제시하고 있습니다.

> 어느 영역에서 최초가 될 수 없다면, 최초가 될 수 있는 영역을 개척하라
>
> ─《마케팅 불변의 법칙》, 알 리스 · 잭 트라우트

　그럼 최초가 될 수 있는 영역은 어떻게 만들 수 있을까요? 구글이나 네이버, 어도비 등의 기업들은 자사가 이미 선점하고 있는 서비스에 AI를 연동하는 방향으로 가고 있습니다. 달리와 미드저니, 스테이블 디퓨전 Stable Diffusion 같은 이미지 생성형 AI의 등장으로 구글과 더불어 엄청난 타격을 입을 것처럼 여겨졌던 어도비의 경우, 파이어플라이 Firefly 라는 이미지 생성 AI를 내놓기도 했지만, 결국 큰 한방은 포토샵 등에 적용된 생성 채우기 기능이었죠. 포토샵 작업을 하다가 이미지 크기를 바꾸고 싶거나 마음에 안 드는 부분이 있을 때 초보자들이 해결하기는

쉽지 않습니다. 하지만 이제 이미지 생성 기능을 활용하면 원하는 것을 충족할 수 있습니다. 어도비처럼 자사의 핵심 서비스에 적절한 AI 기능이 활용되면 기존 고객들은 만족시키는 동시에 신규 고객까지 창출할 수 있게 됩니다.

마찬가지로 구글은 향후 지메일, 구글 맵, 유튜브, 포토 등에 AI를 적용할 계획입니다. 네이버는 블로그 글쓰기 및 쇼핑 등에, 카카오는 카카오톡 등에 AI를 연동할 계획에 있습니다. 마찬가지로 삼성 같은 제조사의 경우도 갤럭시S24에서 온라인 연결 없이 기기만으로 AI를 사용할 수 있는 기능인 온디바이스 전략을 내세우고 있죠. 향후 빅테크 기업들의 경쟁을 이런 관점에서 보신다면 AI의 흐름을 이해하는 데 좀 더 도움이 되지 않을까 싶습니다.

구글의 시대는 정말 끝났나?

GPT3.5가 발표된 후 구글은 매우 심각한 위기 상황에 대한 경고로 코드 레드를 발령했습니다. 챗GPT가 발표되기 전만 해도 AI의 대명사는 구글의 알파고였지만 상황이 급변했습니다. 구글은 창업자인 래리 페이지와 세르게이 브린까지 소환해 향후 전략의 대대적인 변화를 논의했다고 하죠. 2023년 5월, 구글은 드디어 바드를 정식으로 발표합니다. 처음 바드를 시연할 때 바드가 틀린 대답을 내놓았던 것이나 바드 이후 등장한 제미나이가 역사적인 인물을 다른 인종으로 바꿔 이미지를 생성한 것을 보면 구글은 꽤 조급한 행보를 보이는 것 같습니다. 하지만 제미나이가 현재 가장 챗GPT에 근접한 기술을 갖고 있다는 것은 대체로 인정하고 있는 부분입니다. 구글은 어떤 AI 전략을 가지고 있는지 살펴보겠습니다.

첫째, 제미나이 외에도 다양한 AI 도구를 테스트하고 있습니다. 텍스트를 이미지로 만들어주는 IMAGEFX, 음악을 만들어주는 MUSICFX, 글쓰기를 도와주는 TEXTFX, 아이데이션ideation을 위한 NOTEBOOKLM 등이 있죠. 구글이 현재 새롭게 실험 중인 기능들은 labs.google에서 직접 확인할 수 있는데요. 사실 AI와 관련된 사이트가 따로 있긴 하지만 현재 구글이 실험하고 있는 새로운 서비스들은 거의 모두 AI와 관련이 있다는 것을 알 수 있습니다. 이 사이트에서는 일부 한국에서의 접속이 제한된 기능들을 제외하고 직접 테스트를 할 수 있으니 한번 이용해보시기 바랍니다.

둘째, 기존 서비스에 AI를 통합 적용할 예정입니다. 예를 들어 구글은 검색 창에서 바로 생성AI를 활용할 수 있는 생성형 AI 검색SGE에 대한 베타 서비스를 진행 중입니다. 네이버가 서비스하고 있는 큐와 유사한 서비스라고 할 수 있습니다. 예를 들어 '탕후루가 갑자기 인기를 끌게 된 이유는 뭐야?'라고 질문하면 'SNS와 먹방의 영향이 크다'라는 형태로 답을 하는 거죠. 검색한 결과만을 노출하는 것이 아니라 사람이 찾고 싶은 정보를 AI가 파악해서 대답해줍니다.

현재 구글은 20억 명 이상의 사용자를 확보한 프로덕트가 여섯 개이고 5억 명 이상이 사용하는 프로덕트만 해도 열다섯 개나 됩니다. 지메일이나 구글 지도, 포토 등은 물론 안드로이드나 크롬 같은 인터페이스에도 AI가 적용될 예정입니다. 이미 수십억 명의 사람들이 사용하는 서비스가 많다는 점은 구글의 강점이자 약점입니다. 파급 효과가 만만치 않으니까요. 구글이 새롭게 출시하는 서비스들이 앞서 언급한 어도비의 케이스를 따라갈지, 아니면 계속 조급한 선택을 하게 될 것인지는 곧 알 수 있게 되겠죠.

네이버의 대응

챗GPT의 발표 이후 위기를 느낀 것은 구글만이 아닙니다. 네이버는 구글에게 자국의 검색 주권을 내주지 않은 몇 안 되는 서비스라는 면에서 자부심을 가지고 있었죠. 그리고 검색에서의 영향력을 바탕으로 검색 광고나 쇼핑, 뉴스 등 다양한 비즈니스에서 주도권을 확보할 수 확보했었습니다. 하지만 시장의 흐름이 모바일 중심으로 급속히 변화하면서 네이버의 위상에도 변화가 생겼습니다. 유튜브가 급성장함에 따라 트래픽은 점점 떨어지고, 이제 네이버의 심장이라 할 수 있는 검색 부분에서도 구글에 점유율을 많이 뺏긴 상황입니다. 한때 80%를 상회했던 네이버의 국내 검색엔진 점유율은 현재 50% 초반까지 떨어진 상황이며, 구글의 점유율은 30% 수준으로 올랐습니다. 만약 AI 부문에서도 방어에 실패한다면 네이버는 자칫 치명타를 입을 수도 있는 상황이죠. 네이버는 누구보다 그런 점을 잘 알고 있을 겁니다. 스스로 지식인이라는 무기로 절대강자였던 다음을 제치고 1위 자리에 올랐으니까요. 그만큼 절박한 네이버의 AI 전략은 무엇일까요?

(1) 클로바 CLOVA X

일단 네이버는 가장 먼저 챗GPT와 유사한 대화형 인공지능 모델인

클로바 X를 내놓았습니다. 클로바 X는 네이버의 초대규모hyperscale 언어모델인 HyperCLOVA X 기술을 바탕으로 만들어졌습니다. 네이버 고유의 기술력과 방대한 데이터를 기반으로 네이버 AI 윤리 준칙을 준수하여 만들어진 클로바 X는 사용자가 AI와 대화하며 상호작용할 수 있는 새로운 차원의 대화형 AI 서비스입니다. 이 서비스의 가장 큰 특징은 한국과 한국어를 잘 안다는 점입니다. 현존하는 대화형 AI 중 가장 한국어를 잘 구사한다는 평가를 받고 있습니다. 또 깔끔한 UI 디자인과 대화리스트, 디스커버리, 스킬 등 다양한 기능을 제공하고 특히 한국과 관련된 질문에 높은 정확성을 보여줍니다. 이렇듯이 네이버의 전략은 **한국적인 서비스**를 추구하는 데 있습니다. 무엇이 한국적이라는 걸까요? 하나씩 살펴보죠.

　첫째, 클로바 X는 한국어에 이해도가 높습니다. 기본적으로 자신이 학습한 데이터가 지식인이나 블로그, 카페, 뉴스와 댓글 등 한국어로 된 서비스를 기반으로 하니 어찌 보면 당연한 결과입니다. 챗GPT와는 반대로 학습할 때 데이터의 대부분이 한국어로 된 셈이죠. 따라서 한국에 대한 정보를 검색할 때 다른 서비스에 비해 정확도가 높다고 할 수 있습니다.

　둘째, 한국인들이 많이 쓰는 서비스와 연동됩니다. 식당이나 교통처럼 기본적으로 네이버가 보유한 각종 로컬 정보와 연동한 답변을 제공합니다. 예를 들어 서울시청역에서 강남역까지 가는 최단 거리를 알려 달라거나, 요즘 뜨는 신당동의 맛집을 소개해 달라는 요청을 할 수 있습니다. 또 카페나 블로그, 지식인 등 자사 서비스 외에 야놀자, 마켓컬리, 배달의민족 등 한국인들의 생활에 밀접한 서비스와의 연동도 진행 중입니다. 여행과 관련된 질문을 하면 야놀자에서 현재 예약 가능한 숙박 정보를 바로 확인하거나 예약을 즉시 할 수 있도록 연동하는 형태로 구현할 수 있습니다.

하지만 클로바 X에 대한 반응은 대체로 미지근한 편입니다. 챗GPT가 한국어를 잘 구사하기 때문에 사용하는 것도 아니고, 식당 정보 같은 것을 찾고 싶다면 그냥 평소처럼 검색을 하면 되니까 굳이 AI를 쓸 필요도 없죠. 발표 이후 주가도 잠깐 올랐으나 이후 지속적으로 하락했죠. 그래서인지 네이버 역시 구글과 마찬가지로 자사의 강점인 블로그나 쇼핑, 광고 부문에 클로바를 연계하는 것에 승부를 띄울 것으로 보입니다. 이 부분은 (3) 기타 프로그램들에서 다룹니다.

(2) 큐 Cue

네이버는 클로바 X에 이어 큐를 발표했는데요. 여기서 큐는 검색창 옆의 돋보기 모양을 의미합니다. 클로바 X는 AI가 검색한 뒤 다시 정리를 해서 알려주는 것이고 큐는 검색한 결과 중 AI가 판단했을 때 가장 적합한 검색 결과를 보여주는 것입니다. 큐의 개발 당시 이름이 '서치GPT'였던 것을 보면 좀 더 명확히 이해할 수 있습니다.

예를 들어 '저녁에 강남역에서 10명이 회식하기 좋은 룸이 있는 식당 찾아줘'라고 입력하면 검색한 이용자의 니즈에 맞는 결과를 제시하는 것입니다. 따라서 큐는 기존의 네이버 검색을 더 강화한 형태로 볼 수 있겠네요. '떠오르는 생각을 대화하듯 입력하고, 필요한 정보를 한눈에 파악하는 새로운 경험을 시작하세요'라는 소개 문구가 잘 이해 되실 겁니다.

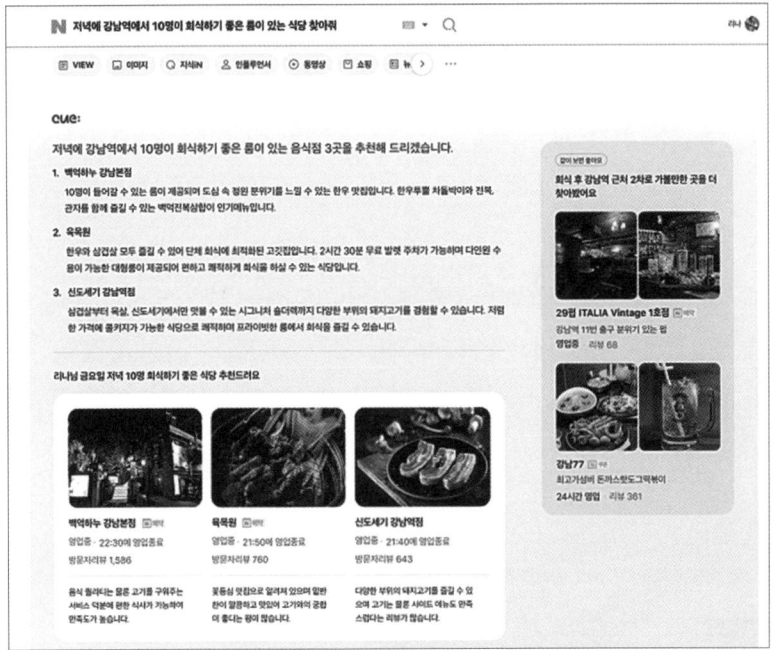

AI를 활용해 질문의 의도에 맞는 검색 결과를 보여줍니다.

(3) 기타 프로그램들

네이버의 경쟁력은 내부 콘텐츠에 있습니다. 지식인을 비롯해 블로그, 카페 등 자체 보유한 콘텐츠를 토대로 점유율 1위인 검색엔진이 될 수 있었고, 또 광고 수익도 낼 수 있었죠. 그런 면에서 네이버는 블로그나 포스트 등에 양질의 콘텐츠가 지속적으로 공급될 수 있도록 하는 것이 중요하다고 볼 수 있습니다. 네이버가 제공하거나 향후 제공 예정인 AI 서비스들을 간단히 살펴보겠습니다.

  CLOVA for Writing: 블로그 등에 글을 작성할 때 필요한 자료를 제공해주기도 하고, 평소 작성자가 자주 쓰는 표현이나 문장으로 완성해주는 기능도 담겨 있습니다. 키워드에 따른 초안을 작성해주거나 단어도 제공해주고 제목이나 해시태그도 제안해줍니다.

CLOVA for AD: 브랜드에 더 적합한 메시지를 개발할 수 있도록 도와주는 도구입니다. 네이버 매출의 상당 부분이 검색 광고에서 발생하고 있는 만큼 이러한 광고 툴은 향후 비즈니스에 상당히 중요한 역할을 할 것으로 보입니다.

CLOVA Dubbing: 음성 합성 기술을 이용하여 다양한 음성을 만들어내는 서비스입니다. 이 서비스는 동영상 제작이나 음성 녹음 등에 활용할 수 있으며, 사용자들은 자신이 원하는 음성을 쉽게 만들어낼 수 있습니다.

그밖에 AI Painter라는 서비스도 있는데요. 기본적인 밑그림이 있다면 자동으로 채색을 해주는 서비스로 웹툰 제작 등을 도와줍니다.

[4] 어도비의 한 방: 생성형 채우기

어도비의 AI 명칭은 파이어플라이입니다. 어도비 홈페이지인 adobe.com/kr을 방문하면 이미지를 생성하는 기능을 무료로 사용할 수 있습니다. 마이크로소프트가 제공하는 코파일럿 및 달리와 함께 무료로 이미지를 생성할 수 있는 대표적인 서비스라고 할 수 있습니다.

앞서 이야기한 대로 파이어플라이의 강점은 생성형 채우기에 있는데요. 예를 들어 위의 사진에서 배경 부분을 선택한 뒤, 내가 원하는 배경을 텍스트로 입력하면 다음과 같이 이미지를 변경할 수 있게 되는 거죠. 배경을 바꾸는 것 외에도 원래 이미지에 없던 부분을 확장하거나 다른 이미지와 병합도 할 수 있습니다. 이 기능 역시 파이어플라이

어도비 포토샵과 파이어플라이의 결합.(어도비)
어도비는 기존의 포토샵 기능에 '생성'을 더한 서비스를 제공하기 시작했습니다.

홈페이지에서 직접 테스트할 수 있습니다.

　이러한 기능을 통해 어도비는 기존의 포토샵 등 이미지 소프트웨어를 사용하던 고객들을 이탈하지 못하도록 묶어 놓는 것은 물론 아주 기본적인 기능밖에 사용하지 못해 포토스케이프 등으로 옮겨 갔던 고객들을 흡수할 수 있게 됐습니다.

저의 경우가 후자에 속하는데 기존에는 필요한 이미지들을 주로 언스플래시Unsplash 등의 무료 이미지 제공 서비스를 이용했다면, 현재는 거의 달리나 미드저니를 이용해서 생성한 뒤 포토샵으로 수정해서 사용 중입니다. 포토샵 등의 구독료가 연간 몇십만 원에 달한다는 것을 생각하면 어도비는 기존 서비스들에 AI를 추가함으로써 전환점을 마련한 셈이죠. 제 생각에 현재까지는 앞서 언급한 AI를 활용해 〈카테고리의 법칙〉를 가장 잘 적용하고 있는 기업이 어도비가 아닐까 싶네요.

3장

AI로 기획하기

> 스타트업은 절벽에서 뛰어내려서 추락하는 와중에 비행기를 조립하는 일과 같다.
>
> ㅡ 리드 호프먼(링크드인 창업자)

이번 장에서는 AI를 기획에 활용하는 방법을 알아보겠습니다. 그전에 먼저 AI로 기획을 하게 된다면 어떻게 접근할지에 대한 이해가 필요할 것 같습니다.

AI를 활용하면 우리는 기초적인 수준의 영감만으로도 기본적인 기획안이나 제안서를 만들어낼 수 있습니다. 제가 진행하는 AI 강의에서는 수강생들이 향후 AI를 활용해서 하고 싶은 비즈니스 플랜을 직접 만들고 있습니다. 이때 드리는 시간은 10분 정도입니다. 촉박해보이긴 하지만 실습 시간을 길게 할애하기 어렵기 때문이기도 하고 AI로 초안을 만드는 데 시간이 많이 필요하지 않기 때문에 10분으로 정해두었습니다.

물론 AI에게 맡긴다고 항상 좋은 기획이 나오는 것은 아닙니다. 여러 번 강조했지만 AI는 부조종사일 뿐 조종사는 사용자입니다. 좋은 기획을 위해서는 크게 세 가지를 잘 지켜야 합니다.

첫째, **자료 조사**를 철저히 해야 합니다. 좋은 자료는 내가 기획을 하는 영감의 원천이 될 수도 있고, 내 주장의 논거가 될 수 있습니다. 검색을 하면 수많은 자료들이 나오는데 그들 중에서 진짜 중요한 정보들을 추려내기가 쉽지 않으니 충분히 검토해야 합니다.

둘째, **소비자 인사이트**를 찾아야 합니다. 앞서 언급했듯이 '제품'을 만드는 것은 AI나 로봇의 도움을 얻을 수 있더라도 최종적으로 구매하는 것은 인간입니다. 그리고 인간은 항상 합리적인 판단을 하는 것이 아니죠. 우리의 소비자가 반응하는 것을 찾아나서는 건 결국 마케터들의 일입니다.

 셋째, **설득력 있는 기획안**을 만들어야 합니다. 기획은 누군가를 설득하기 위해 하는 것입니다. 설득에 꼭 필요한 요소는, '우리는 문제를 어떻게 정의하고 있는가', '그 해결책은 무엇인가', '그리고 그 해결책을 수행하는 데 우리가 적합한가'입니다. 추상적이어서, 그리고 어떻게 그것을 실현할지 몰라 걱정하실 수 있지만 괜찮습니다. 우리에겐 AI가 있으니까요. 이번 장에서는 이런 과정들을 AI로 어떻게 풀어가는지 살펴보겠습니다.

AI로 나만의
아이데이션팀 세팅하기

계획을 실패하는 것은 실패할 계획을 세우는 것과 같다.

— 벤저민 프랭클린(미국 정치인)

독자 여러분은 아이디어가 필요할 때 보통 어떤 방법을 쓰시나요? 무언가가 떠오를 때까지 카페인에 의존해 모니터를 응시하는 편인가요? 아니면 팀원들과 끝장 토론을 벌이나요? 둘 다 건강에 안 좋습니다. 그리고 매우 비효율적이죠.

몇 년 전에 〈굿피플〉이라는 예능 서바이벌 프로그램을 본 적이 있습니다. 이 프로그램은 로스쿨을 졸업한 지원자들이 로펌 채용을 두고 경쟁하는데, 실제로 일어났던 사건을 제시하고 지원자들이 변호를 준비하는 과정을 평가받는 방식으로 진행되었습니다. 그중 누가 더 빨리 좋은 판례를 찾아내는지가 승리에 큰 영향을 미쳤습니다.

좋은 기획을 할 때 나에게 필요한 정보를 찾고 분석하는 일은 무척 중요합니다. 하지만 요즘에는 정보가 넘쳐나다 보니 오히려 사전 조사의 중요성에 대해 둔감해진 측면이 있습니다. 검색이 생활화되면서 필요한 정보가 있다면 그때그때 수집하는 것이 일상이 되었죠. 문제는 쉬워진 정보 수집에 비해 정작 정작 필요한 좋은 자료를 찾기는 어렵다는 점입니다. 게다가 누구나 몇 분만 구글링을 해서 찾을 수 있는 자료로는 경쟁력이 없죠. 이제 검색뿐 아니라 AI를 활용해 확보할 수 있지만 이때 확인 가능한 자료는 모두 '외부 데이터'입니다. 우리에게 필요한 것은 우리 회사나 업계와 밀접한 '내부 데이터'인 경우가 많죠. 내부 데이터는 기업이 직접 생성하고 관리하는 데이터이며, 주로 기업의 업무와 밀접한 정보를 담고 있습니다. 반면 외부 데이터는 기업 외부에서 얻은 정보로, 시장 트렌드나 경쟁 상황 등의 외부 환경 정보를 제공합니다. 혹시 AI가 나를 대신해서 자료를 정리하고 기획을 도와주게 만들면 어떨까요? AI를 하나의 기획팀처럼 활용하자는 거죠.

좋은 자료를 확보하는 것은 사냥에 비유할 수 있을 것 같습니다. 타깃을 정하는 것은 사냥꾼인 사용자의 일이라면 타깃을 물어오는 것은 AI의 일이라고 할 수 있죠. 물론 AI는 역할만 명확히 설정한다면 나의 동료나 사수의 역할도 훌륭하게 수행할 수 있습니다.

자료 조사하는 인턴 AI

요즘엔 텍스트를 음성으로 만들거나 text to speech, 이미지로 만들어주고 text to image, 심지어 영상으로 만들어주는 text to video AI가 등장하고 있습니다. 글보다는 오디오가, 오디오보다는 영상이 더 독자에게 더욱 선호되기 때문에 더 많은 멀티미디어 콘텐츠가 만들어지고 있죠. 하지만 업무에는 오히려 텍스트로 된 자료들이 필요한 내용을 빠르게 확인하는 데 도움이 되고 관리하기에도 편합니다. 따라서 영상이나 음성 또는 PDF로 만들어진 콘텐츠를 데이터베이스화하는 방법을 알아보도록 하겠습니다.

(1) 유튜브 내용 요약 : 릴리스

요즘은 숏폼 형태의 영상도 많이 나오고 있지만 정보 제공을 목적으로 하는 영상은 분량이 꽤 되는 편입니다. 게다가 이런 영상은 집중해서 보지 않으면 중요한 내용을 놓치기 쉽죠. 릴리스에서는 유튜브 주소만 입력하면 캡처된 영상과 함께 주요 내용을 요약해 줍니다. 영상 주소를 복사해서 Lilys.ai에 접속한 뒤 메인 화면에 붙여넣으면 요약뿐 아니라 전체 스크립트를 제공한다는 것도 장점이라고 할 수 있죠. 또 유튜브 요약 외에도 PDF나 녹음을 요약해주는 기능도 있습니다.

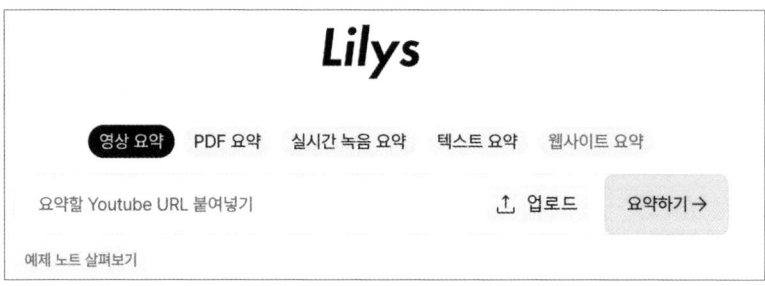

다만 5개의 영상까지만 내용을 빨리 요약해주는 부스트 기능을 사용할 수 있고 이후에는 영상 한 편당 대략 10분 정도의 시간이 걸립니다. 부스트를 추가로 사용하려면 유료 결제를 해야 하는데요. Corely라는 서비스를 이용한다면 무료로 이용할 수 있으니 Corely.ai에 접속해서 두 서비스를 비교해서 사용하시기 바랍니다. 단, Corely는 유튜브 요약만 가능하며 현재 전문은 제공하지 않습니다.

(2) 회의 및 음성 요약 : 클로바 노트 Note

클로바 노트는 회의록 작성이나 인터뷰용으로 이미 많이 사용되고 있습니다. 회의 내용을 녹음하고 그 내용을 바로 문자로 변환하고 요약도 해준다는 점이 주요 특징입니다. 그뿐만 아니라 회의를 녹음하는 동시에 필기도 할 수 있는데 추후에 회의 내용을 살펴볼 때 내가 어떤 내용에 관심을 가졌는지 빠르게 파악할 수 있다는 장점이 있습니다.

　클로바 노트의 또 다른 장점은 각종 웨비나나 영상 자료의 스크립트를 정리하는 용도로 활용할 수 있다는 점인데요. 아래 내용처럼 영상 파일을 다운로드하거나 녹화한 뒤 음성을 텍스트로 전환하면 영상에 들어갈 자막을 제작하거나 영상 내용을 쉽게 요약할 수 있죠. 무엇보다 클로바 노트의 가장 큰 장점은 무료로 사용 가능하다는 점입니다.

　영상 파일 확보 : 직접 촬영한 영상이라면 상관없지만, 유튜브 영상이나 온라인 강의 영상이라면 일단 영상 파일로 전환해야 합니다. 웨비나나 유튜브 등의 영상을 다운로드하는 방법도 있지만 영상을 다운로드할 수 있는 프로그램을 추가로 설치하거나 영상 다운로드를 지원하는 사이트에 접속해 영상 주소를 붙여넣어야 하는 복잡한 과정이 싫다면 스마트폰이나 아이패드 등에서 화면 녹화를 할 수 있습니다.

　음원 추출 : 클로바 노트는 영상 파일을 지원하지 않으므로 음성 파일이 필요합니다. 맥 사용자의 경우 퀵 플레이어에서 음성으로 내보내기를 통해 바로 음원 추출이 가능합니다. 추출된 음원 또는 녹음된 파

일을 클로바 노트에 업로드합니다.

음성을 텍스트로 변환: 클로바 노트에서 음성 파일을 텍스트로 변환하고 요약해줍니다. 한국어뿐 아니라 영어, 일본어, 중국어 등도 지원하며 음성 기록을 SRT 파일로 다운로드한 뒤 번역을 한다면 한국어 자막을 제공하지 않는 외국어로 된 영상도 번역된 자막으로 볼 수 있습니다.

(3) PDF 자료 분석하기

요즘 많은 자료들이 PDF 형태로 만들어져 있습니다. 업무에 필요한 자료를 찾거나 새로운 정보를 알기 위해 가입한 커뮤니티나 오픈채팅 같은 곳에서 공유되는 문서도 많죠. 하지만 일일이 다 읽어 보기엔 분량이 너무 많습니다. 게다가 외국어로 된 자료들도 꽤 많다는 문제가 있습니다.

1~2페이지 정도의 문서라면 바로 읽어볼 수 있겠지만, 기획안 등을 작성하기 위해 다양한 논문 자료 같은 것을 꼼꼼히 참고하거나 수천 페이지에 달하는 설문 같은 것을 분석해야 한다면 시간이 많이 필요해 난감하죠. 이럴 때 우리는 아주 완벽하진 않지만 AI의 도움을 받을 수 있습니다.

마이크로소프트의 빙챗은 무료로 사용할 수 있지만 엣지 브라우저를 설치해야 합니다. 챗GPT도 PDF 파일을 분석해줍니다만 파일 업로드 기능은 유료 버전인 GPT 플러스에서만 제공되므로 무료 사용자는 이용할 수 없습니다. 따라서 먼저 무료로 사용할 수 있는 챗PDF를 소개해드리겠습니다.

챗PDF 방문하기: 챗PDF의 홈페이지인 ChatPDF.com에 접속하고 메인 화면에 있는 [Drop PDF here]을 클릭해 파일을 업로드하면 내용을 분석하고 해당 내용에 대해 질문하면 답을 해줍니다. 기본 엔진은 챗GPT를 기반으로 합니다.

단 자료를 업로드할 때는 민감한 회사 내부 정보는 올리지 않는 것이 좋습니다. 이 사이트에서는 보안은 잘 지켜지니 안심하라고 설명되어 있지만 회사 정보를 외부 채널에 올리는 것 자체가 문제가 될 수

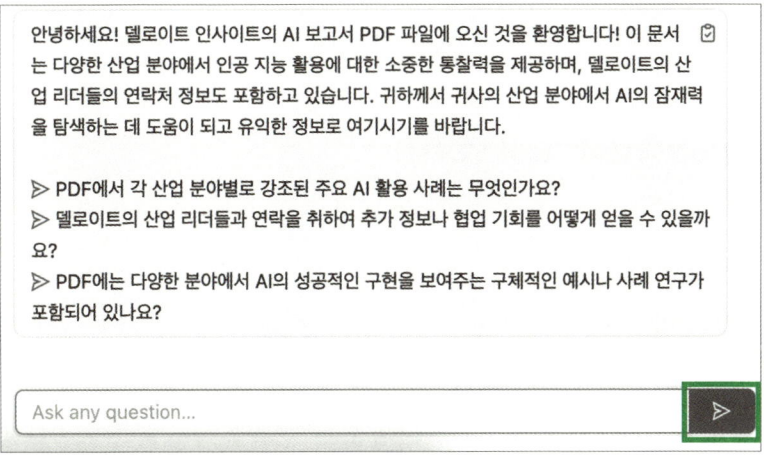

있기에 주의해야 합니다. 따라서 공개되어 있는 자료나 공개해도 문제가 없는 자료를 업로드하시기 바랍니다.

PDF를 업로드하기: 가지고 있는 PDF 문서를 업로드합니다. 만약 한글이나 MS 워드로 생성한 문서라면 저장할 때 PDF 파일로 변환해서 업로드하거나 구글 독스에서 변환해 업로드하면 됩니다. 앞의 화면은 딜로이트Deloitte에서 제작한 'AI Dossier-인공지능(AI) 활용서: 6대 산업별 AI 활용사례'라는 62페이지 분량의 PDF 문서를 업로드하자 나타나는 화면입니다. 챗PDF는 내용을 요약해주고 추가로 제공할 수 있는 정보에 대해 안내를 하고 있네요.

챗PDF에 질문하기: 화면 우측 하단의 [▶] 부분을 클릭하거나, 직접 궁금한 내용을 입력하면 PDF에 있는 내용을 토대로 답변을 해줍니다. 간혹 한국어 문서를 영어로 설명하는 경우가 있는데, 한국어로 답해 달라고 요청하면 됩니다.

챗PDF 말고도 엣지 브라우저를 설치한 뒤 마이크로소프트의 빙 챗에 접속해 PDF 파일을 업로드하고 분석해달라고 하면 무료로 분석해주니 그것을 사용하는 것도 방법입니다.

(4) 노션에 데이터베이스화하기

이렇게 확보한 자료들을 관리하는 가장 좋은 방법은 노션을 활용하는 것입니다. 노션의 기능을 자세히 다루려면 꽤 많은 지면을 할애해야 하므로 여기서는 기존에 만들어져 있는 템플릿을 활용해서 나만의 위키를 만드는 방법만 간단히 소개해드리도록 하겠습니다.

노션 가입 좌측의 메뉴 제일 하단에 있는 '템플릿'에서 좌측 최상단의

'업무'를 '개인'으로 전환한 뒤 ① [개인]을 클릭합니다. 그리고 취미 카테고리의 ② [독서 리스트]를 클릭하면 위의 화면과 같은 템플릿이 나타납니다. 템플릿의 내용이 쓸 만하다고 생각되면 여기서 우측 하단의 ③ [템플릿 사용하기]를 클릭합니다.

　이 과정을 거치면 위의 템플릿이 나의 개인 페이지에 복사됩니다. 나만의 위키로 사용할 것이므로 '독서 리스트'는 나에게 맞는 이름으로 바꾸면 됩니다. 샘플 제목이나 내용 역시 웨비나 이름 등으로 변경해서 이용하세요. 템플릿에 내가 관심 있고 나에게 필요한 내용들을 정리하고 각종 기사나 뉴스 외에도 논문이나 레터 등을 스크랩하면 언제, 어디서나 확인할 수 있고 필요한 정보를 검색할 수 있는 나만의 데이터베이스를 만들 수 있습니다.

맞춤화된 챗GPT 만들기

2023년 11월 OpenAI는 개발자 행사를 열었습니다. 이날 행사에서 다양한 GPT 업그레이드 제품을 발표했지만 하이라이트는 역시 GPTs였죠. GPTs는 한마디로 챗GPT의 맞춤형 버전입니다. GPT 플러스를 사용하시는 분이라면 플러그인plugin과 유사한 것이 아닐까라고 생각하실 수도 있을 것 같습니다. 플러그인이 특정 기능을 보강하는 역할을 한다면, GPTs는 답변의 내용에 좀 더 초점이 맞춰진다고 할 수 있습니다.

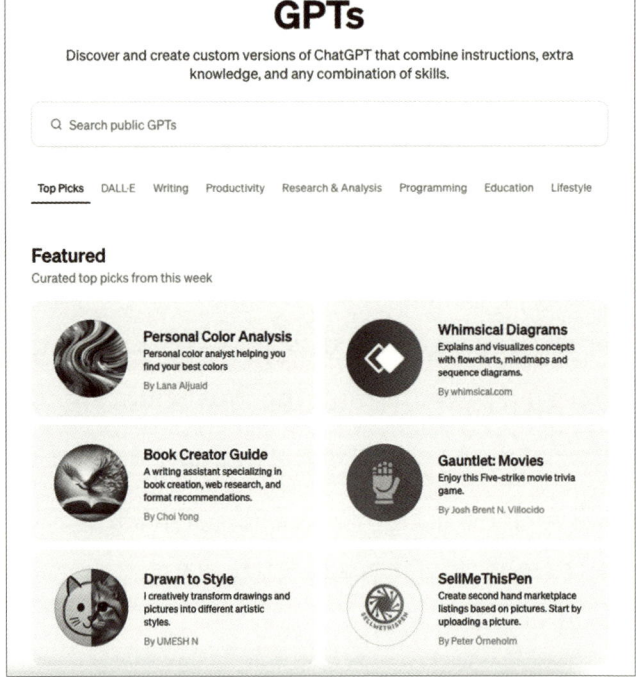

GPT 스토어(GPTs)의 첫 화면. GPT 플러스 이용자만 접속 가능하고 구글이나 애플의 앱스토어처럼 나에게 필요한 AI를 사용할 수 있습니다.

GPT 플러스를 사용하는 유저들은 직접 맞춤형 GPT를 만들어 사용할 수 있고 OpenAI에서 만들어 공개한 맞춤형 GPT들도 사용할 수 있습니다. 그렇다면 과연 GPTs란 어떤 것인지 직접 GPT 빌더로 GPT를 직접 만들어보고 또 어떤 가능성이 있을지 살펴보도록 하죠.

브레인 스토밍을 함께하는 동료 AI

앞으로 AI를 활용해서 제안서를 만들거나 영상, 웹사이트 제작처럼 다양한 활용법을 알아볼 텐데요. 이런 작업을 할 때도 기획 단계에서는 항상 챗GPT를 활용하게 됩니다. 새로운 글감이나 제안서의 목차 작성, 영상의 시나리오 작업 등 다양한 분야에서 마케터가 기획을 할 때 도움을 줄 수 있죠. 챗GPT는 이런 구체적인 작업을 할 때만이 아니라 아이디어를 낼 때에도 함께 활용할 수 있는데요. 챗GPT와 대화를 통해 진행하는 방법도 있지만 브레인스토밍을 도와줄 특화된 도구들이 있으니 알아보도록 하겠습니다.

[1] 피그마 잼봇 Figma Jambot

피그마는 클라우드 기반으로 사용자 인터페이스 UI 기획을 도와주는 도구입니다. 마케터들은 피그마를 활용해서 프로모션 자료나 웹사이트 등의 레이아웃을 만드는 데 활용하죠. 피그마에는 다양한 서비스가 있는데 그중 피그잼은 화이트보드 형태의 도구입니다. 회의를 할 때 화이트보드에 필기를 하거나 포스트잇을 붙여 가며 진행하는 것처럼 클라우드 상에서 이를 구현해 팀원들이 함께 아이데이션을 하는 거죠.

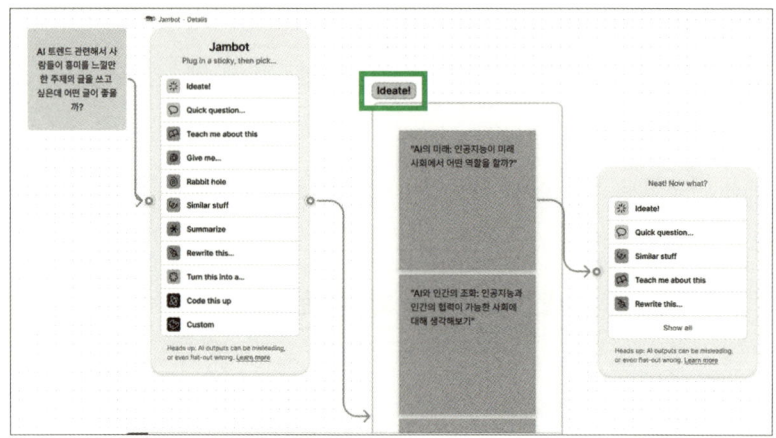

최근 피그잼에 잼봇이라는 AI 위젯이 추가됐는데요. AI 트렌드를 주제로 사람들이 흥미를 느낄 만한 글을 쓰고 싶다고 했을 때 피그잼에서 필요한 아이디어에 대해 포스트잇처럼 붙이고 잼봇을 불러옵니다. 잼봇에서 [Ideate!] 버튼을 클릭하면 위의 화면처럼 같이 잼봇이 여러 아이디어들을 만들어주죠. 이 중에서 다시 좀 더 발전시키고 싶은 주제가 있다면 다시 잼봇을 불러서 계속 이어나가면 됩니다.

잼봇은 챗GPT를 기반으로 합니다. 우리가 실제로 회의실에 모여 브레인스토밍을 하듯 인터페이스를 구현해주지만 아이디어 자체는 챗GPT가 내는 거라고 할 수 있죠. 따라서 위 과정은 그대로 챗GPT와의 대화에도 활용할 수 있습니다.

[2] 윔시컬 Whimsical

피그잼이 화이트보드를 구현했다면 윔시컬은 좀 더 전통적인 마인드맵 형태의 아이데이션 도구입니다. 우리가 아이디어를 정리하기 위해서 사용하는 마인드맵에는 다양한 도구들이 있는데요. 저도 이 책의 목차를 정리할 때 아이패드에서 엑스마인드Xmind라는 앱을 사용했습니다. 물론 마인드맵을 사용하면 중복되거나 누락 없이MECE, Mutually Exclusive Collectively Exhaustive 아이디어를 정리하는 데 도움이 되지만 꽤 시간도 많이 걸리고 피곤한 일입니다.

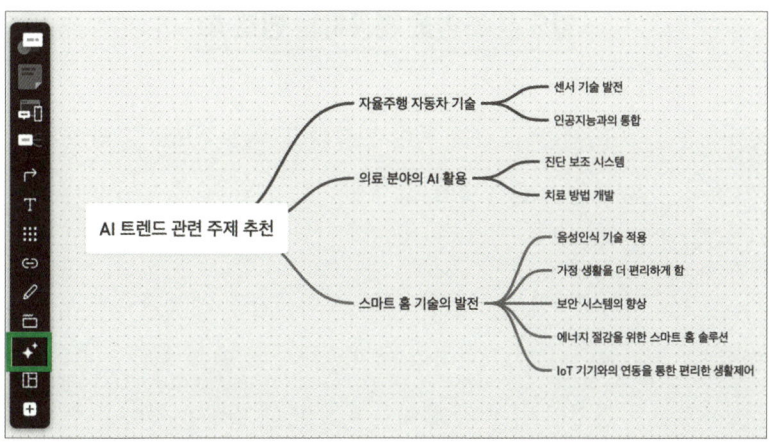

윔시컬은 AI를 도입해서 위의 화면처럼 마인드맵을 만드는 걸 도와주고 있는데요. 윔시컬에 가입한 후 메뉴에서 반짝이는 별처럼 되어 있는 [Generate with AI] 버튼을 클릭하면 원하는 주제를 입력할 수 있습니다. 피그잼과 마찬가지 주제를 입력하면 됩니다. 위의 내용 중 '스마트홈 기술의 발전'만 좀 더 세부 내용이 있는 이유는 이 영역에서 다시 [Generate AI] 버튼을 클릭했기 때문입니다.

제가 광고회사를 다닐 때는 팀원들이 회의실에 모여 아무 말이나 해보라는 식으로 아이디어를 모을 때도 많았습니다. 때로는 전혀 연관

성이 없는 것 같은 아이디어에서 기발한 생각이 나올 수도 있기 때문이죠. 잼봇이나 윔시컬, 또는 챗GPT를 통해 브레인스토밍을 할 때 마음에 들지 않는 아이디어를 제시할 때도 많은데요. 내가 미처 생각하지 못했던 방향의 접근이나 기본적인 초안을 만든다는 가벼운 마음으로 접근해보시기 바랍니다.

필요한 조언을 제공하는 멘토 AI

《사수가 없어도 괜찮아》라는 책이 있습니다. 역설적으로 그만큼 사수가 없이 일을 하는 직장인들이 많기에 이슈가 된 것이 아닌가 싶은데요. 아마도 이 책을 보는 분들 중에서도 사수가 없는 분들이 꽤 많을 거라 생각됩니다. 저 역시 창업을 하며 사회생활을 시작했기에 사수가 없었죠. 그렇다면 AI를 나의 사수로 활용할 수는 없을까요? 더욱이 '나 때는…' 같은 잔소리 하지 않고 내가 필요할 때 방향을 잡아줄 수 있는 멘토가 되어 준다면 베스트겠죠.

물론 가능합니다. 2장에서 이야기했던 맞춤형 GPT인 MyGPT를 만든다면 챗GPT에 내가 필요로 하는 기능과 지식을 적용시킨 후 필요할 때마다 질문을 할 수 있죠. 다만 MyGPT는 유료 버전으로 GPT 플러스 이용자만 쓸 수 있는데 Toy Project를 통해 직접 MyGPT를 만들어보면서 확인해보겠습니다.

> **Toy Project** <

스타트업을 위한
'브랜딩 멘토' 만들기

최프로는 글로소득자입니다. 브랜딩에 대한 글을 기고하고 이것을 바탕으로 강의를 하거든요. 최근에는 AI에 관심이 생겼는데 샘 올트먼이 스타트업 멘토라는 GPTs를 만든 것을 보고 그동안의 기고 글과 브런치에 올린 글을 모아 자신도 GPTs를 만들어보고 싶었습니다.

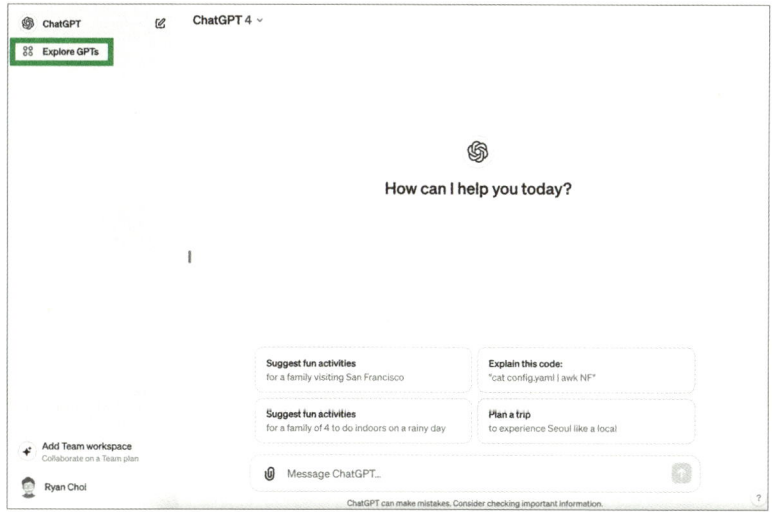

바로 한번 만들어보겠습니다. 챗GPT 플러스를 사용하면 앞의 화면을 볼 수 있습니다. 이곳에서 다양한 GPT를 만날 수 있고 나만의 GPT인 MyGPT를 만들 수도 있습니다. 좌측 상단에 있는 [Explore GPTs] 버튼을 클릭하겠습니다.

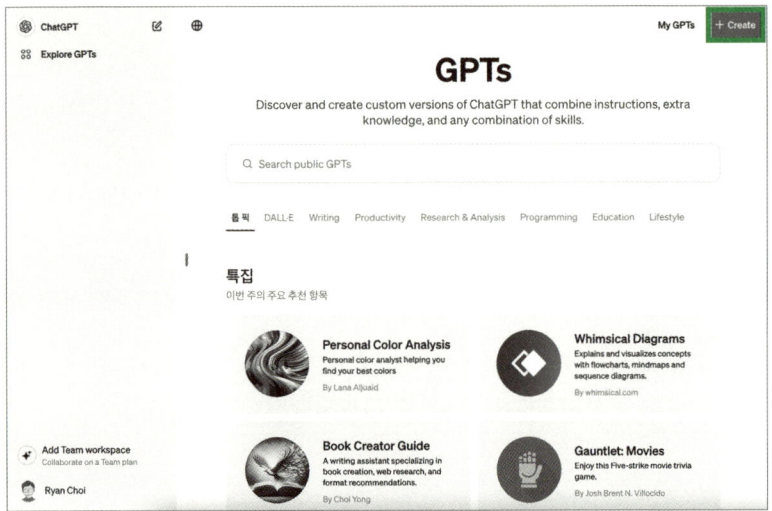

그러면 위와 같은 화면이 나타납니다. 메인 화면에 'GPTs'라는 이름이 나타나고 그 아래에는 추가 지식과 여러 기술들의 조합을 결합한 사용자 맞춤 형태의 챗GPT를 발견할 수 있다는 문구가 있습니다. MyGPT를 만들기 위해 우측 상단의 [+Create] 버튼을 클릭합니다. 이제 본격적으로 나만의 GPTs를 만들어보죠. 전부 영어로 되어 있고 꽤 복잡해보이지만 당황하실 필요는 전혀 없습니다. 사실 우리가 할 일은 거의 없거든요. 대부분 챗GPT가 대신해줍니다.

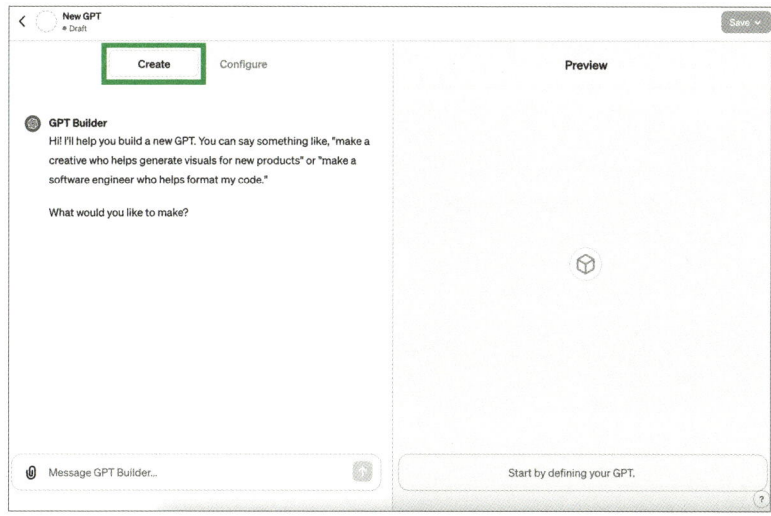

그러면 New GPT라는 화면이 나타납니다. 왼쪽 창은 GPT 빌더를 통해 GPT를 만들 수 있는 공간이고, 오른쪽 창은 현재 만들고 있는 내 GPT의 미리보기Preview 공간입니다. 만약 왼쪽 창이 위와 같이 보이지 않는다면 상단의 [Create] 버튼을 클릭해주세요.

어떤 GPT를 만들 것인가?: GPT 빌더는 어떤 GPT를 만들고 싶은지 묻고 있습니다. 기본적으로 챗GPT는 대화를 통해 사용자의 의도를 확인하고 그에 맞는 솔루션을 제공해줄 수 있죠. 최프로는 샘 올트먼이 그랬듯이 스타트업들의 브랜딩이나 마케팅에 대한 조언을 해줄 수 있는 서비스를 만들기로 했습니다. 그러한 브랜딩 멘토를 만들면 혼자 일하는 마케터들에게 도움이 될 것이라고 생각했거든요. GPT 빌더가 영어로 물었다고 영어로 대답해야만 하는 것이 아니라 한국어로 대답해도 됩니다.

> **Create**　　**Configure**
>
> **⊛ GPT Builder**
> Hi! I'll help you build a new GPT. You can say something like, "make a creative who helps generate visuals for new products" or "make a software engineer who helps format my code."
>
> What would you like to make?
>
> 🧑 **You**
> 스타트업들의 브랜딩이나 마케팅과 관련한 조언을 해주는 서비스를 만들고 싶어.
>
> **⊛ GPT Builder**
> How about calling it "Brand Booster"? Would that work for you?

이름과 로고 정하기: 위의 화면은 앞의 화면 중 왼쪽 창의 것을 확대한 화면입니다. 보시다시피 GPT 빌더가 영어로 물었지만 한글로 대답했음에도 GPT 빌더가 내용을 알아듣고 답변해주는 것을 확인할 수 있습니다. 영어를 모른다고 해서 너무 걱정하지 않으셔도 됩니다. GPT 빌더에게 내가 만들고 싶은 서비스를 요청했습니다. 만들고 싶은 서비스를 지시하면 GPT 빌더는 서비스의 이름을 제안합니다. GPT 빌더는 'Brand Booster'라는 이름을 제안하는군요. 일단 그대로 진행해보겠습니다. 'Ok', 'Yes', '진행시켜' 등 어떤 대답도 상관없습니다. GPT 빌더의 성능이 어느 정도인지, 테스트해보는 측면도 있으니까요. 이름을 정했더니 바로 프로필로 사용할 로고도 만들어줍니다. 다음 그림처럼 왼쪽의 미리보기 화면에 바로 적용됐습니다.

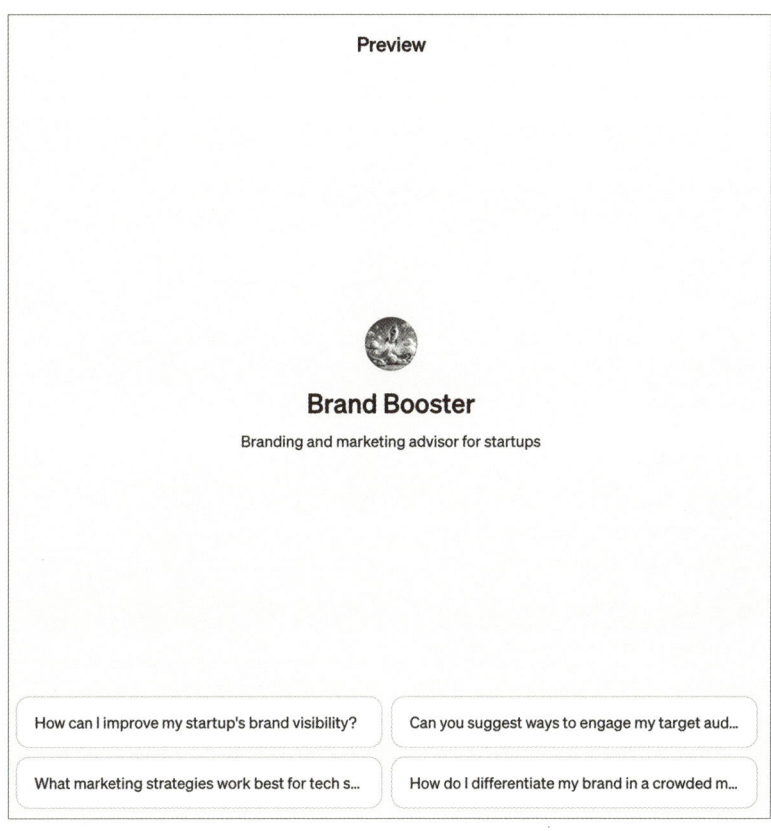

미리보기에 현재까지 만들어진 Brand Booster가 나타납니다. 그리고 챗 GPT의 첫 화면에서 봤던 것처럼 샘플 질문 4개도 함께 만들어져 있는 것을 볼 수 있습니다. 이제 초반 작업은 끝났습니다. 오른쪽의 미리보기 창에서 테스트를 해보신다면 실제로 MyGPT가 작동을 하고 있다는 것을 아실 수 있습니다.

MyGPT 튜닝하기: 다음으로는 실제로 테스트를 하면서 조금씩 조정해 나가는 작업이 필요합니다. 일단 상단 탭의 'Configure'에 들어가 보면 모든 내용이 영어로 작성되어 있습니다. 이 부분부터 바꿔 보도록 하죠.

Brand Booster에 두 가지를 요청합니다. 우선 Configure의 모든 내용을 한국어로 바꿔 달라는 것과 앞으로의 대화는 한국어로 진행하겠다는 내용입니다. 어떻게 반영됐는지 다음 그림을 보겠습니다.

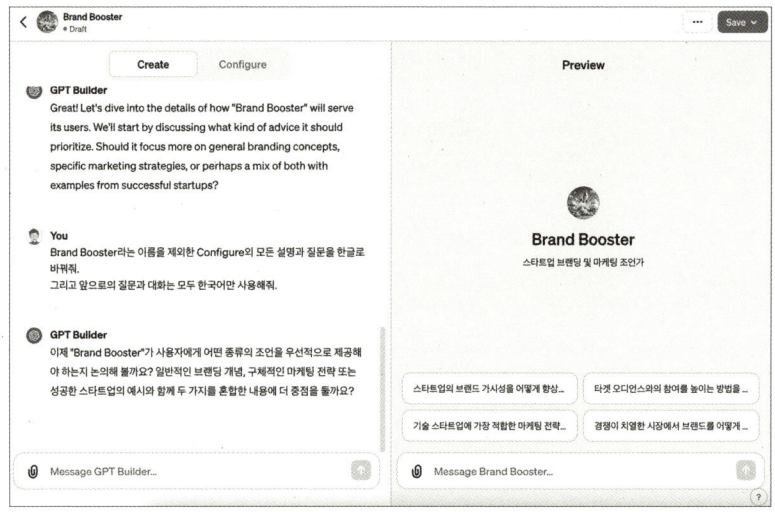

초기 화면을 한글로 바꿔 가독성을 높였습니다. 기본적인 틀은 만들어졌으니 답변에 활용할 자료들을 올리면 됩니다. PDF나 DOCX 파일 같은 일반적인 문서 파일로 업로드하면 되는데, 가급적 내가 전달하려는 메시지가 명확하게 포함되어 있는 문서가 좋겠죠. 'Configures'의 'Knowledge' 하단의 [Upload Files] 버튼을 클릭하면 됩니다. 최프로는 예전에 기고했던 파일들을 올렸습니다.

테스트 및 공개하기: 이제 파일까지 다 올렸습니다. 잘 적용됐는지 확인하기 위해서는 역시 직접 질문을 해보는 방법이 가장 좋겠죠. 그전에 몇

가지 내용을 추가해보죠. 내용을 추가하려면 'Configures'의 'Instructions'에서 입력하면 됩니다. 첫 번째는 '첨부되어 있는 문서를 우선적으로 참고하라'이고 두 번째는 대답을 할 때 시작은 '당신의 Brand Booster입니다'로 시작해서 '추가적인 질문이 있으신가요?'로 끝내'라고 요청하겠습니다. 이제 질문을 해보겠습니다.

 스타트업에 가장 적합한 마케팅 전략은 무엇인가요?

 당신의 Brand Booster입니다. 스타트업에 가장 적합한 마케팅 전략을 찾기 위해서는, 시장의 변화를 이해하고 이에 맞는 독창적인 접근 방식을 채택하는 것이 중요합니다. 전통적인 '베스트 프랙티스'에 의존하기보다는, 현 시점에서 브랜드가 직면한 독특한 상황과 목표를 고려하여 맞춤형 전략을 개발해야 합니다.

1. 프레이밍과 브랜딩의 중요성
브랜딩과 마케팅에서는 '프레임'의 중요성을 간과할 수 없습니다. '프레임'은 소비자가 브랜드와 제품을 인식하고 이해하는 '틀'을 의미합니다. 즉, 소비자의 인식을 어떻게 설정하느냐가 중요한데, 이는 마케팅 메시지, 캠페인, 브랜드 스토리를 통해 구축됩니다. 따라서, 스타트업은 자신들의 브랜드가 어떤 가치를 대표하는지 명확히 정의하고, 이를 고객에게 효과적으로 전달하는 방식을 개발해야 합니다.

2. 커뮤니티 구축을 통한 브랜드 에코 시스템 형성
소비자와의 직접적인 연결을 강화하고, 플랫폼 기업에 의존하지 않는 브랜드 에코 시스템을 구축하는 것도 중요합니다. 나이키와 같은 대형 브랜드가 아마존과 같은 플랫폼을 떠나 직접 소비자에게 다가가 성공한 사례는, 스타트업에게도 유익한 인사이트를 제공합니다. 이를 통해 스타트업은 자신만의 커뮤니티를 형성하고, 이 커뮤니티를 통해 소비자와 깊은 관계를 구축할 수 있습니다.

3. 독창성과 차별화 전략
시장에서의 성공은 더 이상 특정 '베스트 프랙티스'를 따르는 것만으로는 충분하지 않습니다. 대신, 스타트업은 자신들만의 독특한 가치 제안과 차별화 전략을 개발해야 합니다. 이는 제품, 서비스, 마케팅 방법에 이르기까지 모든 측면에서 혁신을 추구해야 함을 의미합니다.

종합적으로, 스타트업에게 가장 적합한 마케팅 전략은 브랜드 고유의 가치와 목표에 기반하여, 프레이밍을 통해 명확한 브랜드 이미지를 구축하고, 커뮤니티를 통해 고객과의 강력한 연결을 만들며, 차별화된 접근 방식으로 시장에서 독특한 위치를 확보하는 것입니다.
추가적인 질문이 있으신가요?

이 답변을 보니 세부적인 설명은 약간 다르지만 기본적인 방향은 최프로가 기존에 작성해왔던 글들을 바탕으로 만든 것으로 보입니다. 항상 강조해왔던 스토리와 커뮤니티, 나이키의 멤버십 관련 성공 사례 등을 언급하고 있네요. 참고로 일반적으로 챗GPT가 같은 질문이라도 매번 답의 내용이 달라지는 것처럼, MyGPT 역시 조금씩 답의 내용은 달라지더군요.

정상적으로 작동을 한다고 생각되면 화면 우측 상단에 있는 초록색 [Save] 버튼을 클릭해 지금까지 설정한 내용을 저장한 뒤 추가적인 테스트를 통해 업데이트를 하면 되는데요. 이때 우리는 저장할 때 공개 범위를 지정할 수 있습니다. 현재 나만 확인할 수 있는 'Only me', 링크를 통해 공유된 사람만 볼 수 있는 'Anyone with the link', 'Publish to GPT Store' 까지 세 개의 공유 형식이 있습니다.

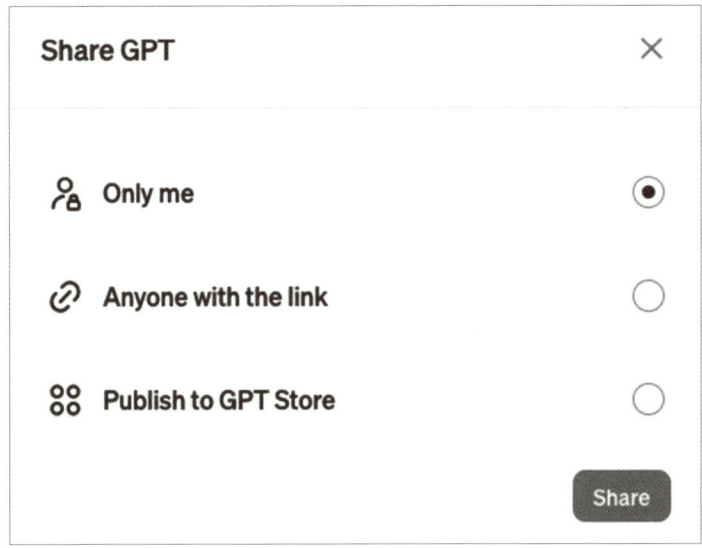

다만 주의할 부분이 있습니다. 링크를 통해 공유할 때 공유를 받는 사람도 유료 버전인 GPT 플러스를 사용하고 있어야 공유할 수 있습니다. GPTs의 사용 자체가 GPT4.0에서 이루어지니 어찌 보면 당연한 얘기겠죠. GPT 스토어는 앱스토어처럼 수익을 창출할 수 있는 새로운 시장이 될 것으로 기대하는 사람들이 많았습니다. 하지만 현재는 많은 이용자를 확보하지는 못한 것 같습니다. 기본적으로 챗GPT의 유료 구독자만 GPT 스토어를 이용할 수 있기 때문이죠. 그래도 MyGPT를 반복적인 업무에 활용하거나, 시험 문제 출제처럼 비슷하지만 다소 응용이 필요한 분야에 활용하는 일이 점점 늘고 있습니다. 여러분도 업무에 활용할 수 있는 부분을 찾아보시기 바랍니다.

Toy Project에서 소개한 Brand Booster는 QR 코드를 인식하면 직접 사용해볼 수 있습니다. 다만 현재는 GPT 플러스 가입자만 접속할 수 있으니 참고 바랍니다.

소비자 조사 및 데이터 분석하기

챗GPT를 비롯한 AI에는 우리의 상상을 뛰어 넘는 수준의 방대한 정보가 쌓여 있습니다. 하지만 열길 물속은 알아도 한길 사람 속은 모른다는 말이 있듯 AI가 있다고 해도 소비자들의 마음속은 헤아릴 방도가 없죠. 우리 제품 혹은 브랜드가 출시되기 전, 또는 출시 이후에도 소비자들의 반응을 알아보기 위해서는 다양한 조사를 할 필요가 있습니다. 각종 트렌드 자료나 시장 조사 자료 등을 활용할 수도 있고 요즘처럼 SNS에 올라온 글들을 분석하는 방식도 활용할 수 있지만 FGI나 설문 등을 통해 직접 궁금한 것을 직접 확인하는 방식을 쓰게 되죠. 여기서 FGIFocus Group Interview는 소비자의 의견을 의견을 수집하기 위한 조사 방법 중 하나로, 소수의 인원으로 구성된 그룹을 대상으로 인터뷰를 진행하는 것입니다. FGI는 소비자의 의견을 직접 수집하는 데 매우 유용한 조사 방법 중 하나이지만, 몇 가지 단점도 있습니다. 일단 시간과 비용이 많이 드는 데 반해 소수 그룹의 대표성은 FGI 진행시에 감안해야 할 문제입니다.

특히 온라인으로 설문을 진행할 수 있는 여러 툴이 무료로 제공되면서 더 많이, 더 자주 설문이 활용되고 있죠. 하지만 좋은 툴이 나왔다고 일 자체가 쉬워지는 건 아닙니다. 오히려 마케터의 입장에서는 일만 하나 더 늘어나는 상황일 수 있으니까요. 따라서 중요한 것은 의미 있는 질문을 만들고 답변을 제대로 분석할 수 있어야 한다는 점입니다.

이번 절에서는 챗GPT를 활용해 설문 항목을 기획하고 취합한 설문 결과를 분석하는 과정까지 함께 진행해보도록 하겠습니다. 설문에 대한 기획 및 분석은 챗GPT를 활용하고 실제 설문 진행은 구글 설문지Forms를 활용하겠습니다.

설문 만들기 : 챗GPT와 구글 설문의 컬래버

챗GPT를 활용한다면 기본적인 초안을 만드는 것은 물론 설문을 분석하는 데 들어가는 시간을 단축시킬 수 있습니다. 설문을 요청할 때에는 아래와 같은 순서로 진행할 수 있습니다.

챗GPT로 설문 초안 작성 : 챗GPT는 설문의 목적과 필요한 답변의 유형에 따라 다양한 형식의 질문을 생성해줍니다. 제품의 만족도 조사인지, 참여자 모집에 대한 내용인지 등에 따라 챗GPT는 필요한 질문과 함께 답안 유형을 제시합니다.

구글 설문지에 내용 입력 : 내용을 입력한 구글 설문지는 링크를 통해 쉽게 공유할 수 있습니다. 구글 문서 홈페이지인 docs.google.com에 접속해서 '설문지'를 선택하면 누구나 구글이 제공하는 설문 양식을 이용할 수 있습니다. 이 책에서는 구글 설문지를 사용하지만 네이버나 모아폼 등 CSV나 엑셀로 내보내기를 할 수 있다면 어느 플랫폼의 설문이든 좋습니다.

CSV로 응답 내보내기: 기본적인 답변 통계는 구글 설문 안에서도 제공하지만 좀 더 정밀한 분석과 보고서 작성을 위해서 설문 결과를 CSV로 다운로드해야 합니다. 구글에서는 해당 설문의 '응답' 우측 상단에 있는 [⋮]를 클릭 후 '응답 다운로드(CSV)'를 선택하면 됩니다.

챗GPT가 도와줄 수 있는 부분을 확인했으니 이제 분석을 시작해 보겠습니다.

분석하기 : 데이터 분석하고 보고서 만들기

이제 본격적으로 챗GPT에서 CSV 파일에 대한 분석을 진행할 차례입니다. 구글 설문지에서 다운로드한 CSV나 엑셀 파일을 챗GPT에 업로드합니다. 프롬프트 창 왼쪽에 있는 클립 표시를 클릭하면 파일을 업로드할 수 있습니다.

설문의 각 질문에 대한 분석 또는 전체 데이터에 대한 분석을 요청하면 GPT4.0은 파일을 읽고 질문에 따른 분석 결과를 보여줍니다. 필요에 따라 분석된 내용을 워드docx나 파워포인트pptx 파일로 다운로드할 수 있습니다. 아울러 두 확장자로 된 파일은 구글 문서와 구글 프레젠테이션에서 바로 읽을 수 있으니 마이크로소프트 오피스가 없어도 괜찮습니다. 이렇게 챗GPT가 제공한 분석 결과를 바탕으로 보고서의 초안을 작성합니다. 각 질문 및 전체 설문에서의 시사점 등을 추가로 요청하는 방식으로 효율적인 보고서를 작성할 수 있습니다.

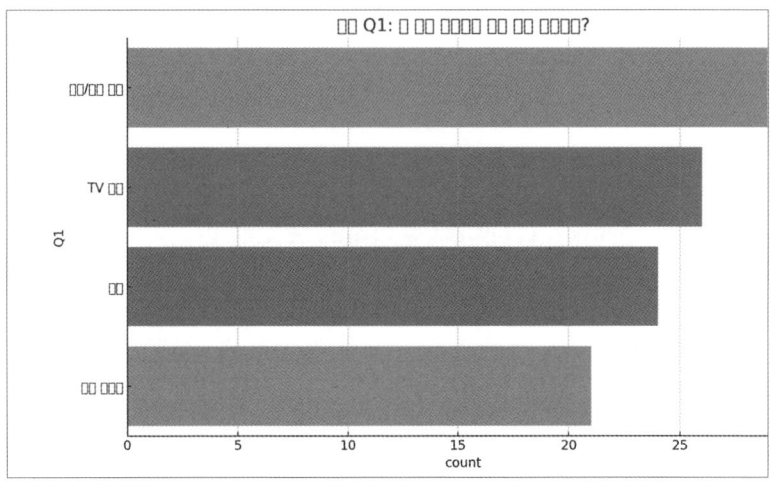

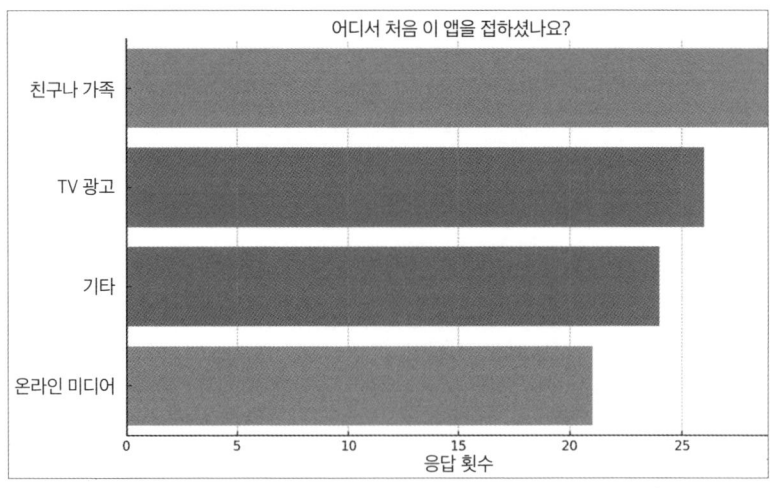

그런데 문제가 하나 있습니다. 만약 한글로 된 설문을 바탕으로 그래프를 요청한다면 왼쪽의 첫 번째 그림처럼 질문과 답변이 깨져서 나타난다는 점입니다. '한글 텍스트를 영어로 변환한 뒤 차트를 만들어 달라'고 요청해야 합니다. 그러면 아래 그림처럼 문제가 해결됩니다. 두 번째 그림의 한국어는 영어로 된 질문과 대답을 한국어로 번역한 것입니다.

　이번 절에서는 설문에 대한 CSV를 입력하고 분석을 요청하는 방식으로 진행해보았는데요. 이 외에도 다양한 데이터 분석이 가능합니다. 챗GPT의 데이터 분석 기능을 활용한다면 SNS나 댓글에 나타난 의견을 취합해서 분석하거나 A안과 B안에 대한 반응을 비교·분석해서 호응이 더 큰 쪽으로 시스템을 개선하도록 도와주는 A/B 테스트를 설계하고 분석하는 역할도 맡길 수 있습니다. 또 매출이나 시장 분석을 할 때도 활용할 수 있죠. 상상력을 발휘해 추가적으로 어떤 방식으로 활용할지를 생각해보면 좋겠습니다.

> Toy Project <

모바일 앱
만족도 조사 진행

김 대리는 '지니북'이라는 인터넷서점에서 콘텐츠 마케팅을 하고 있습니다. 지난번에 열린 주간회의에서 그는 얼마 전 출시한 모바일 앱인 '지니앱'에 대한 불만 사항이 종종 올라온다고 보고했는데요. 그러자 팀장님이 김 대리에게 직접 소비자 조사를 진행해보라고 지시했습니다. 김 대리는 구글이나 네이버 등에서 다양한 설문에 참여해본 경험이 있었기에 처음에는 별 어려움이 없을 거라 생각했습니다. 하지만 그렇게 자주 눈에 띄던 설문들도 막상 참고하려고 하니 마땅한 게 없더군요.

'설문에는 어떤 내용이 들어가지?' '답변의 형태는 어떤 것이 좋지?' '분석은 또 어떤 관점으로 해야 하는 거지?' 궁금증은 쌓여 가는데 마땅히 물어볼 곳이 없어 막막했습니다. 그때 챗GPT를 써보면 어떨까 싶은 생각이 들었습니다. 마침 얼마 전 업무에 활용하기 위해 팀 공용 계정을 하나 만들었거든요.

챗GPT로 설문항목 만들기: 일단 설문에 어떤 내용들이 들어가야 하는지부터 물어봐야겠습니다. 열심히 검색해본다면 비슷한 사례들을 찾을 수는 있겠지만 김 대리는 '모바일 앱에 대한 만족도 조사'라는 목적에 최적화된 설문을 도출하고 싶은 거니까요.

이번에 새로 업데이트된 모바일앱에 대한 만족도 조사를 진행할 예정이야. 대상은 이미 앱을 사용해본 사용자들이고, 만족도나 개선점에 대한 의견을 듣고 싶어. 구글 설문지로 설문을 어떻게 구성할지 알려줘.

모바일 앱에 대한 사용자 만족도 조사를 위해 구글 설문지를 구성할 때 다음과 같은 단계를 고려할 수 있습니다.

1. 설문지 시작 부분

서론 : 설문 목적, 참여자의 익명성 보장, 대략적인 소요 시간 안내.

참여 동의 : 참여자가 자발적으로 참여하고 있다는 동의를 얻는 질문.

2. 기본 정보 수집

일반적인 정보 : 연령대, 성별, 직업군 등 (선택적).

앱 사용 관련 정보 : 앱을 얼마나 오래 사용했는지, 사용 빈도 등.

3. 만족도 조사

전반적인 만족도 : 5점 척도 (매우 불만족 ~ 매우 만족).

기능별 만족도 : 각 주요 기능에 대한 만족도 조사 (예 : 사용 용이성, 디자인, 성능 등).

비교 질문 : 이전 버전과 비교했을 때의 만족도.

4. 개선점 및 피드백

열린 질문 : 사용자가 불편함을 느낀 점이나 개선을 원하는 사항에 대해 자유롭게 의견을 제시할 수 있는 공간.

특정 기능에 대한 피드백 : 가장 유용하거나 불편했던 기능에 대한 질문.

추가 피드백 : 앱에 대한 기타 의견, 제안사항 등.

5. 마무리

감사 인사: 참여자에게 감사의 인사와 함께 설문 참여 완료 안내.

연락처 제공: 필요한 경우, 추가적인 피드백을 위한 연락처 제공 옵션.

6. 설문지 디자인 및 설정

간결하고 명확한 질문: 참여자가 이해하기 쉽게 질문을 구성.

시각적 요소: 앱의 로고나 색상을 사용하여 설문지의 외관을 꾸밈.

응답 수집 설정: 중복 응답 방지, 응답 기한 설정 등.

7. 배포 및 홍보

배포: 이메일, 소셜 미디어, 앱 내 알림 등을 통한 설문지 배포.

홍보: 참여를 유도하기 위해 소정의 인센티브 제공 고려 (예: 추첨을 통한 상품 증정).

이러한 구성을 바탕으로 구글 설문지를 만들어서 사용자들의 솔직한 피드백을 얻을 수 있을 것입니다

위 내용을 보니 추가적으로 결정해야 할 사항들이 있겠네요. 익명으로 할지, 참여자에 대한 인센티브를 제공할 지, 참여자 모집을 위한 광고를 집행할지 등이 있습니다. 이 부분은 다시 팀장님과 논의하도록 하고 이 내용을 토대로 김 대리가 초안을 만들어보기로 했습니다.

구글 설문지를 활용한 설문 진행: 김 대리는 구글 설문지를 통해 진행하기로 했습니다. 네이버나 다른 여러 서비스들에서 설문을 제공하고 있지만, 회사에서 구글 문서로 업무 공유를 하고 있기에 가장 친숙했거든요. 챗GPT가 제안해준 내용을 토대로 만들어본 설문의 초안은 다음과 같습니다.

Q1. 지니앱을 어디에서 처음 알게 되셨나요?
- TV 광고 / 소셜 미디어 / 친구/가족 추천 / 기타

Q2. 지니앱을 사용한 경험이 어떠셨나요?
- 매우 만족 / 만족 / 보통 / 불만족 / 매우 불만족

Q3. 지니앱의 사용자 인터페이스에 대한 평가는 어떠신가요?
- 매우 만족 / 만족 / 보통 / 불만족 / 매우 불만족

Q4. 지니앱의 기능성에 대한 평가는 어떠신가요?
- 매우 만족 / 만족 / 보통 / 불만족 / 매우 불만족

Q5. 지니앱을 친구나 가족에게 추천하시겠어요?
- 네 / 아니오

Q6. 지니앱을 다시 사용하실 의향이 있으신가요?
- 매우 가능 / 가능 / 보통 / 불가능 / 매우 불가능

Q7. 지니앱을 얼마나 자주 사용하시나요?
- 매일 / 주간 / 월간 / 드물게

Q8. 지니앱의 사용이 얼마나 쉬우신가요?
- 매우 쉬움 / 쉬움 / 보통 / 어려움 / 매우 어려움

Q9. 지니앱의 고객 서비스에 만족하시나요?
- 네 / 아니오

Q10. 지니앱에 대한 개선점이 있다면 알려주세요
- 장문형 대답

팀장님과 논의 후 일단 100명 정도의 사용자에게 설문을 먼저 받아 보기로 했습니다. 일부 진행한 후에 설문 항목을 조정할지, 추가로 진행할지를 결정하기로 한 거죠. 바로 구글에 설문을 등록하고 SNS에 공지를 올리니 얼마 지나지 않아 마감됐네요. 설문의 결과를 알기 전에 먼저 설문 초안을

만들 때 필요한 샘플 데이터를 어떻게 확보했는지 궁금해하실 것 같습니다. 지니북이라는 곳은 이 책에서만 존재하는 가상의 회사이기 때문에 분석을 위한 설문 결과 데이터를 따로 확보할 수는 없었습니다. 따라서 필요한 샘플 데이터인 CSV 역시 챗GPT에게 만들어 달라고 요청했는데요. 앞의 설문 내용 역시 이 샘플 데이터를 요청하는 과정에서 만든 것입니다. 이 과정에서 주고받은 질문을 요약하면 ① '소비자 설문에 대한 샘플 데이터가 필요해. 분석을 위한 CSV 데이터를 만들어줘.' ② '설문의 주제는 새로운 모바일 애플리케이션이야. 설문에 포함된 질문은 약 10개, 응답자 수는 100개, 데모그래픽은 남자 55% 여자 45로 설정해줘.' ③ '마지막 질문은 장문형 답을 할 수 있는 질문(예를 들면 이 앱에 대한 개선점이 있다면 알려주세요)으로 변경해줘' 입니다. 데이터 분석 과정을 연습해보고 싶다면 이와 같은 CSV 파일을 확보해서 다음 단계를 진행해보세요. 단 CSV를 비롯한 데이터 파일을 요청하거나 업로드한 뒤 분석은 GPT4.0에서만 할 수 있습니다.

챗GPT 데이터 분석 모드로 CSV 분석: 구글 설문지에서 CSV 파일을 받고 챗GPT에게 분석을 요청하고 파워포인트 형태로 만들어보기로 했습니다. 문서 양식은 어차피 수정해야겠지만 그래프를 하나씩 다운로드하는 것도 귀찮고 어떻게 보고서를 만들까 구상하는 데도 일단 파워포인트에서 보는 게 편할 것 같았거든요.

그런데 막상 분석을 하려고 보니 생각 못했던 문제가 하나 있었습니다. 객관식인 다른 질문과 달리 설문지의 10번 질문은 장문형 질문이라 답변이 제각각인데 이걸 어떻게 정리할지 막막해진 거죠. 애초에 이런 장문형 질문은 넣지 말았어야 하나 싶었지만 이미 돌이킬 수가 없습니다.

'100명을 한 명씩 모두 세야 하나?' '그러면 기준은 또 어떻게 정해야 하지?' '게다가 만약 다음 설문의 대상을 100명이 아니라 1000명이나 그 이상으로 확대하자고 하면 어쩌지' 같은 걱정이 들었습니다. 그러다 문득 '혹시 이것도 챗GPT로 가능할까?' 하는 생각이 스쳤습니다. 바로 물어보기로 했죠.

 Q10의 대답을 유형별로 분류해줘.

 'Q10'의 응답을 유형별로 분류하기 위해, 일반적인 키워드나 표현을 기반으로 카테고리를 생성할 수 있습니다.

예를 들어,

1. 기능 개선: 응답에서 "기능"이라는 단어가 포함된 경우
2. 사용성: "인터페이스"나 "사용하기"와 같은 단어가 포함된 경우
3. 고객 서비스: "고객 서비스"나 "지원"과 같은 단어가 포함된 경우
4. 기타: 위의 카테고리에 속하지 않는 응답

이러한 카테고리를 기반으로 응답을 분류하겠습니다.
'Q10'에 대한 응답 분류는 다음과 같습니다.

1. 사용성: 26개 응답
2. 고객 서비스: 19개 응답
3. 기능 개선: 18개 응답
4. 기타: 17개 응답

5. 무응답: 20개 응답

응답은 주로 '사용성'에 관련된 것으로 보이며, 그다음으로 '고객 서비스'와 '기능 개선'이 뒤를 이었습니다. '기타' 카테고리에는 분류되지 않은 다양한 응답이 포함되어 있습니다.

다른 분석이 필요하신가요?

김 대리는 챗GPT가 대규모 언어모델LLM이라는 것이 떠올랐습니다. 인간이 직접하려면 꽤 오래 걸릴 언어에 대한 분석을 순식간에 완료한 거죠. 챗GPT의 대답이 맞는지 다시 한번 확인할 필요는 있겠지만 만약 정확한 답을 제시한다면 향후 설문을 더 자주, 더 대규모로 진행하더라도 부담을 크게 덜 수 있을 것 같네요.

AI로 제안서 작성하기

광고회사라고 하면 어떤 이미지가 제일 먼저 떠오르나요? 아마도 PT나 피치Pitch라고 불리는 경쟁 프레젠테이션을 하는 모습을 떠올릴 것 같은데요. 드라마 〈대행사〉나 영화 〈왓 위민 원트〉처럼 광고회사를 배경으로 하는 작품에는 긴장감 넘치는 프레젠테이션 장면이 꼭 등장합니다. 광고회사는 결국 아이디어를 파는 곳이다 보니 그 아이디어를 얼마나 설득력 있게 만드느냐가 곧 그 회사의 실력이 되죠.

저 역시 광고회사에 다니면서 제안서를 쓸 일이 꽤 많았습니다. 처음 제안서를 쓸 때는 파워포인트의 하얀 화면이 마치 저의 머릿속 같았습니다. 하루 종일 멍하니 앉아 빈 화면만 쳐다보다가 퇴근하는 일도 꽤 많았습니다. 그런데 만약 이렇게 만들기 어려운 제안서를 AI의 도움을 받아 작성할 수 있다면 어떨까요? 몇 가지 키워드만 입력했는데 자동으로 슬라이드를 채워준다면? 제안서의 목적에 따라 목차를 뽑아주고 필요한 그래프와 이미지까지 찾아서 넣어준다면? 아마도 기획을 하는 데 있어서 스트레스나 작업 시간은 획기적으로 줄어들 겁니다.

상상 속에서나 가능한 이야기처럼 들리겠지만, 이미 현실이 되고 있습니다. 그전에 제안서란 무엇이고 어떻게 작성해야 하는 것인지부터 살펴보겠습니다. 이 과정 역시 챗GPT를 비롯한 AI의 코칭을 받을 예정이고, 실제 제안서도 AI에게 도움을 받아서 작성해보도록 하겠습니다.

제안서가 뭐길래

직장인이라면 직종과 관계없이 많은 문서 작업을 하게 됩니다. 제안서, 기획서, 품의서 등 다양한 종류의 문서들을 많이 만들고 또 받게 되죠. 그렇다면 그중에서 '제안서'가 정확히 뭘까요? 그리고 제안서는 어떤 내용으로 작성해야 할까요? 챗GPT에게 '제안서'란 무엇인가 한번 물어보도록 하죠.

 제안서의 목적과 정의에 대해 알려줘.

 제안서의 정의
제안서는 특정 문제에 대한 해결책이나 필요에 대한 대응 방안을 제시하는 공식 문서입니다. 외부 출처에서 요청된 것인지 (요청된 제안서), 아니면 주도적으로 아이디어를 소개하기 위한 것인지 (비요청된 제안서)에 따라 다를 수 있습니다. 제안서는 형식과 내용이 다양할 수 있지만, 보통 서론, 문제 제기, 제안된 해결책, 예산 또는 비용 추정을 포함합니다.

제안서의 목적
1. 문제 해결: 제안서는 특정 문제나 도전과제를 해결하기 위해 흔히 사용

됩니다. 제안서는 특정 행동 방안이나 해결책을 상세하게 설명함으로써 이 문제에 대한 가능한 답을 제시합니다.

2. 설득 : 본질적으로 제안서는 설득의 문서입니다. 제안된 해결책이나 아이디어의 타당성, 중요성, 실행 가능성에 대해 독자나 대상을 설득하는 것이 그 목적입니다.

3. 승인 또는 자금 조달 얻기 : 많은 제안서들, 특히 비즈니스와 학계에서는 자금, 승인 또는 둘 다를 확보하기 위해 작성됩니다. 예를 들면, 연구 제안서는 연구에 대한 자금을 얻기 위해 작성될 수 있고, 비즈니스 제안서는 새로운 프로젝트에 대한 승인을 얻기 위해 사용될 수 있습니다.

4. 문서화 및 명확화 : 제안서는 제안된 해결책이나 행동 방안의 서면 기록을 제공합니다. 이는 모든 관련자가 제안하는 내용의 세부 사항과 함의를 이해하는 데 도움을 줍니다.

5. 협업 촉진 : 제안서는 종종 여러 이해 관계자와 관련이 있습니다. 제안서를 작성함으로써 이러한 당사자들 간의 토론, 피드백 및 협력을 촉진하여 제안된 아이디어를 개선하고 정제합니다.

요약하면, 제안서는 구조적인 방식으로 아이디어, 해결책, 프로젝트를 설명하는 커뮤니케이션 도구로서, 다른 사람들에게 그것의 가치와 실행 가능성을 설득하는 데 사용됩니다.

아마 앞의 내용만으로는 감을 잡기 어려울 것 같습니다. 챗GPT가 작성해준 내용을 기반으로 조금만 부연 설명을 해보겠습니다. 우선 명칭부터 정리해보죠. 이 책에서는 주로 '제안서'라는 명칭을 쓰고 있지만 기획서, 제안서, 품의서, 사업계획서 등은 모두 형제 관계처럼 비슷한 개념입니다. 한마디로 누군가를 설득하는 **목적을 가진 문서**라는 공통점이 있죠. 그렇기에 제안서는 작성자marketer → 제안서proposal → 수신자audience라는 구조 안에 존재합니다.

이 구조는 1장에서 살펴본 제품 → 매체 → 시장으로 나타나는 마케팅의 구조와 같습니다. 결국 제안서를 포함한 여러 기획안들의 목적도 최종 수신자에게 무엇인가를 팔기 위해 필요하다고 볼 수 있죠. 다만 그 수신자가 사장님이나 이사님 같은 직장 상사일 수도 있고 광고주나 투자자일 수도, 때로는 일반 소비자일 수도 있으니 문서의 이름은 보통 설득 대상과 설득 대상의 성격에 따라 달라진다고 볼 수 있습니다. 설득의 대상이 직장 상사나 동료라면 문서는 기획안이나 품의서가 되고 투자자라면 사업계획서가 되는 것이죠. 결국 내가 의도하는 바를 명확하게 전달해서 주로 자금을 집행할 권한이 있는 사람인 의사결정권자를 이해시키고 설득하는 것이 제안 및 기획의 목적이라 할 수 있습니다.

좋은 제안서의 조건

기본적으로는 제안서는 논리적이어야 하고 각각의 슬라이드도 깔끔하게 정리되어 있어야 합니다. 실제 경쟁 프레젠테이션에서도 보기 좋은 제안서가 더 성의 있다고 생각되어 좋은 인상을 남기는 것이 사실이죠. 하지만 스티브 잡스가 애플 신제품을 발표할 때의 슬라이드를 떠올려 보세요. 대부분 한두 개의 키워드로만 구성된 슬라이드가 특별히 성의 있어 보이지는 않습니다. 그럼에도 잡스의 프레젠테이션이 자주 언급되는 이유는 그것이 제안의 필수 요소를 모두 갖추고 있기 때문입니다.

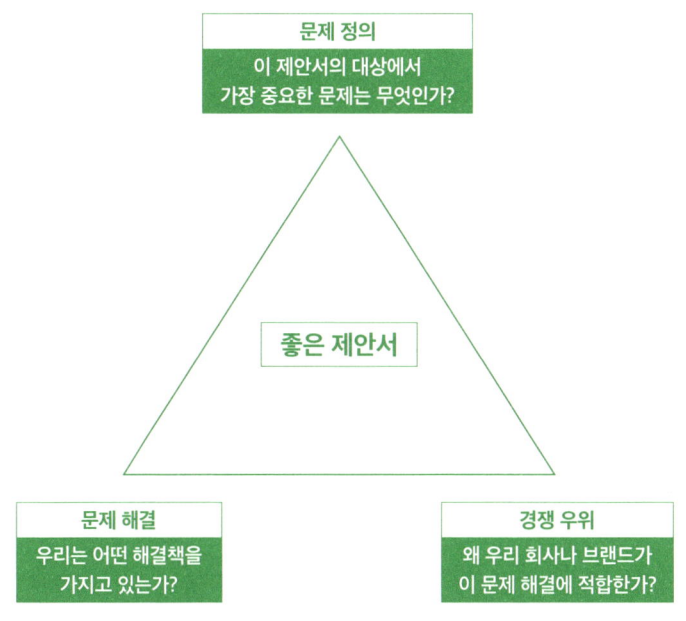

좋은 제안은 위에서 말한 세 가지 요소를 갖추고 있습니다. 사실 이 셋 중에 하나라도 빠지거나 부족하다면 이 제안서는 쓰기도 전에 이미 실패한 것이나 마찬가지입니다. 하나씩 살펴보도록 하겠습니다.

(1) 문제 정의

우리는 보통 '문제'는 출제자가 내는 것으로 생각합니다. 광고회사의 경우도 제안을 하기 전에 제안요청서 RFP, Request For Proposal 를 받게 되는데, 여기서 행간의 의미를 읽으려고 노력하죠. 하지만 스티브 잡스가 말했듯 일반 소비자들은 자신이 어떤 제품을 원하는지 모르듯이 광고주, 또는 제안의 대상이 되는 결정권자 역시 내가 정확히 무엇을 원하는 것인지 모르는 경우가 많습니다.

문제 정의의 중요성에 대한 유명한 사례가 있죠. 독자 분들의 해결 의지를 높일 수 있도록 약간 가공해서 이야기해보겠습니다.

한 건물에서 엘리베이터가 느리다는 불만이 지속적으로 발생하고 있었습니다. 내가 이 건물주의 아들이나 딸이라고 상상해보죠. 아버지는 이 문제를 가장 잘 해결한 자식에게 건물을 상속하겠다는 과제를 냈습니다. 여러분은 어떤 해결책을 제시하시겠어요? 아마도 모터를 교체하거나 아예 엘리베이터 자체를 바꾸는 방법 등을 제안할 수 있을 겁니다. 이런 해결책의 공통점은 모두 엘리베이터에만 초점을 맞추고 있다는 것입니다. 하지만 '왜 사람들은 엘리베이터가 느리다고 느꼈을까'에 집중하면 다른 해결책이 등장하게 됩니다. 엘리베이터 안에 음악을 틀어줄 수도, 거울을 설치할 수도, 여러 생활 정보를 보여주는 모니터를 설치할 수도 있겠죠. 이러면 엘리베이터가 느리더라도 사용자들은 다른 수단을 즐기면서 엘리베이터가 느리다는 사실을 잠시 잊을 수 있습니다.

문제를 명확히 정의하되 색다른 시각에서 바라볼 수 있어야 새로운 해결 방식도 보입니다.

(2) 문제 해결

문제 해결은 문제 정의와 밀접한 관련이 있습니다. 어떤 관점에서 문제를 바라 보느냐가 곧 해결책의 실마리를 제공해주죠. 우리가 문제를 해결하려고 할 때는 항상 **소비자를 중심에 두고** 생각해야 합니다. 하지만 많은 경우 우리는 '제품이 좋으면 팔린다'라는 마인드를 가지고 있죠. 더구나 제품이 좋다라는 것도 소비자가 아닌 기업의 주관적인 판단인 경우가 대부분입니다.

경쟁 프레젠테이션에 참여하는 대행사의 예를 들어 설명해보겠습니다. A대행사는 같은 그룹 계열사가 보유한 매니지먼트사를 통해 광고 타깃에게 인기 있는 유명 모델을 섭외할 수 있다는 점을 강조했습니다. 반면 B대행사는 다른 대행사보다 상대적으로 저렴한 가격으로 더 많은 매체에 광고를 할 수 있다는 제안을 합니다. 이 제안들은 모두 광고주 입장에서도 솔깃한 제안입니다. 실제로 많은 경우 이런 제안이 먹히기도 합니다. 하지만 이러한 방식은 문제를 해결이 아닌 다른 경쟁사(대행사)에 비해 경쟁 우위를 차지하려는 전략일 뿐입니다.

그렇다면 문제 해결이란 어떤 접근 방식을 뜻하는 걸까요? 꽤 고전적인 사례를 하나 살펴보겠습니다.

프레임의 전환: 드럼 세탁기 대신 통돌이 세탁기가 대세이던 때가 있습니다. 당시 LG전자는 트롬이라는 브랜드의 드럼 세탁기를 개발했죠. 하지만 기존 소비자들은 통돌이 세탁기에 크게 불만이 없었고 통돌이 세탁기보다 훨씬 비싼 드럼 세탁기가 제값을 할지 의문을 갖고 있었죠. LG전자는 여러 광고 대행사들을 불러 경쟁 프레젠테이션을 진행했습니다. 하지만 고객에게 익숙하지 않은 제품에 대한 캠페인을

진행할 경우 어느 정도 공식이 정해져 있습니다. 다소 비싼 가격에 걸맞는 세탁기의 기능적인 요소USP, Unique Selling Point를 얼마나 그럴듯하게 보여주느냐에 달려 있죠. 광고주 입장에서도 자사의 기술력을 강조해주길 바랄 때가 많습니다.

웰콤이라는 대행사는 다른 관점에서 접근했습니다. '세탁기'가 아니라 옷, 즉 '세탁물'에 포인트를 맞춘 거죠. 우리는 옷감에 따라 세탁기에 넣는 대신 세탁소에 맡기거나 손빨래를 하지만 좋은 일이 있을 때 입는 옷이라서, 입으면 젊어보인다는 말을 들을 수 있어서, 내가 아끼는 옷이라서 세탁소에 맡기거나 손빨래를 하기도 합니다. 웰콤은 이런 소비자들의 심리에 집중했습니다. 그리고 소비자들이 더 비싼 가격을 지불하고 드럼 세탁기를 사야 하는 이유reason why로 더 좋은 기능이 있는 세탁기를 사용해야 하는 것이 아닌 아끼는 옷을 '오래오래 입고 싶어서'라는 콘셉트를 제시합니다.

이 콘셉트는 소비자의 마음을 제대로 공략했고 이후 드럼 세탁기를 찾는 사람이 늘어나 2023년을 기준으로 드럼 세탁기의 세탁기 시장 점유율은 70%에 달합니다. 그리고 트롬은 꽤 오랫동안 드럼 세탁기 시장에서 압도적인 1위가 될 수 있었죠.

이 사례는 앞의 엘리베이터 사례와 유사합니다. 엘리베이터 대신 엘리베이터를 타는 사람에게 집중한 것처럼 세탁기가 아닌 세탁기를 사용하는 사람에 집중한 거죠. 저는 이 제안서의 핵심은 무엇보다 앞부분에 있다고 생각합니다. 프레젠테이션을 듣는 광고주와 프레젠테이션을 하는 대행사의 목표를 일치시키는 것입니다. 웰콤의 광고 제안서 첫 페이지는 '대한민국 세탁기 시장을 바꾸자'로 시작합니다.

(3) 경쟁 우위

경쟁 우위란 한 마디로 왜 우리 브랜드, 또는 이 제품이어야 하는가에 대한 확신을 심어주는 것입니다. 다시 광고회사의 예를 들어 보겠습니다. 문제 정의나 해결 방식도 다 마음에 드는데 광고주가 결정을 못하는 경우가 있습니다. 과연 이 회사가 실행 능력이 있을지 의문이 드는 경우죠. 스타트업이 투자를 요청할 경우도 마찬가지입니다. 아무리 아이디어가 좋아도 이 회사가 해낼 역량이 있을까 신뢰가 가질 않는다면 투자자들은 주저하죠. 결국 아이디어만 팔 수 없겠냐는 역제안을 받거나, 심할 때는 빼앗기기도 합니다.

그렇다면 경쟁 우위를 보여줄 수 있는 방법은 뭔가요? 명확한 **정체성**identity을 만드는 것입니다. 이 부분 역시 앞의 문제 정의나 문제 해결과 연결되어 있습니다. 제가 광고회사인 디지털 에이전시에 입사했을 때 처음 했던 일은 회사소개서를 다시 쓰는 거였습니다. 광고주가 저희를 신뢰하지 않는다는 걸 알았거든요. 당시 제가 다니던 회사는 자타공인(?) 디자인이나 기술력 등에서 경쟁 우위에 있지 못했습니다.

그래서 찾은 대안이 앞서 소개한 바 있는 〈카테고리의 법칙〉입니다. '디지털 브랜딩'라는 카테고리를 설정하고 그간 진행해왔던 케이스를 모두 디지털 브랜딩에 초점을 맞췄습니다. 당시 경쟁사들은 자사의 디자인 또는 개발 능력에만 포커스를 맞추고 있었기에 가능했던 방식입니다. 만약 새로운 카테고리를 발견하고 거기서 정체성을 만들더라도 신뢰를 얻을 만한 케이스가 없다면 소용이 없습니다. 따라서 케이스가 없다면 이제부터 작은 부분에서라도 만들어 가야 합니다.

AI로 프레젠테이션 문서 만들기

이번 절의 첫 부분에서 제가 처음 제안서 쓸 때의 이야기를 했습니다. 어떤 분들은 내용이 중요하지 양식이 뭐가 중요하냐라고 할 수도 있지만 사실 양식은 꽤 중요합니다. 실제 제안서는 단순히 디자인을 멋지게 만드는 것이 아니라 내 아이디어를 어떻게 효과적으로 배치할 것이냐의 문제이기 때문이죠. 때로는 단 한 장의 사진이나 도표가 수많은 텍스트와 말들 보다 큰 임팩트를 주기도 합니다.

다시 예전 이야기로 돌아가보죠. 저는 그 빈 화면의 공포는 어떻게 해결했을까요? 일단 다른 제안서들을 일단 짜깁기하는 것에서 시작했습니다. 일반적인 제안의 흐름에 맞춰 일단 다른 제안서의 내용들을 채워 넣은 거죠. 대부분의 제안서는 '3C 분석analysis → 전략strategy → 실행 방안action plan → 예산budget'의 구조를 갖고 있습니다. 양식도 세부 내용도 제각각이지만 큰 구조는 레고 블록처럼 정형화되어 있기에 어느 정도는 끼워 맞출 수가 있었죠.

좀 더 연차가 쌓이면 내가 쓰려는 제안서와 유사한 참고자료를 구해서 좀 더 그럴듯한 샘플을 만듭니다. 일단 이렇게 내용을 채운 후에 내용을 바꿔 나갔습니다. 아직 아무것도 손대지 못했다는, 앞으로 100페이지는 더 만들어야 한다는 공포감에서 벗어나면 서서히 속도가 붙거든요.

하지만 AI와 함께 제안서 작업을 한다면 이런 방식이 필요 없습니다. 큰 방향만 제시하면 AI가 기획은 물론 각 페이지의 디자인까지 모든 틀을 잡아주니까요. 기본적인 흐름을 잡고 또 각 슬라이드를 구성하는 데 들어가는 시간을 획기적으로 줄일 수 있죠. 그리고 그렇게 줄인 시간은 제안서를 듣는 고객이나 소비자의 입장에서 제안서를 확인하고 의문점을 찾아내는 데 쓸 수 있을 겁니다.

(1) 마이크로소프트 365 코파일럿

일반적으로 제안서 등의 문서 작업을 할 때, 우리는 여전히 마이크로소프트의 오피스를 가장 많이 사용합니다. 최근 크롬 기반의 구글 프레젠테이션이나 애플의 키노트 등의 비중이 늘긴 했어도 표준은 ppt(x)라고 할 수 있죠.

반가운 소식은 마이크로소프트 365에 파워포인트나 워드 문서 작성을 자동화하는 기능이 탑재되었다는 점입니다. 이해를 돕기 위해 마이크로소프트의 코파일럿에 대해 잠깐 설명을 해야 할 것 같네요. 마이크로소프트는 빙챗(웹)이나 코타나(윈도) 등으로 나뉘어 있던 AI 서비스를 코파일럿이라는 브랜드로 통합했습니다. copilot.microsoft.com에 접속하면 챗GPT 플러스의 기능 대부분을 쓸 수 있고, 윈도에도 코파일럿이 탑재되어 있으며, 마이크로소프트 365에서도 코파일럿을 이용할 수 있습니다.

단, 마이크로소프트 365 코파일럿은 유료 구독을 해야만 사용 가능합니다. 기업용(비즈니스, 엔터프라이즈) 및 개인용 서비스가 있는데, 개인용 서비스는 워드나 문서 작성 등을 도와주는 부분이 중심이라면 기업용은 협업이 핵심이라고

마이크로소프트 365 코파일럿이 궁금하시다면 QR 코드를 스캔해 관련된 정보를 확인하실 수 있습니다.

할 수 있습니다. 특히 기업용의 경우 아웃룩으로 오고 갔던 메일, 워드나 엑셀 등으로 작성된 문서, 캘린더에 있는 나의 일정과 온라인 회의 내용 등 '내부 데이터'를 활용해 요약된 정보를 제공하거나 나에게 필요한 내용을 빠르게 수집할 수 있죠.

다만 작은 기업이나 개인의 경우 구독형 서비스인 마이크로소프트 365의 사용 비중이 높지 않다고 현실을 감안하면, 여기에 추가로 개인용 서비스라도 월 20달러인 코파일럿 요금까지 지불하기엔 진입장벽이 다소 높다고 할 수 있습니다. 따라서 AI로 제안서 작성하기는 다른 서비스인 Gamma.app, Beautiful.ai를 중심으로 살펴보겠습니다.

(2) Gamma.app과 Beautiful.ai

먼저 Beautiful.ai부터 살펴보겠습니다. Beautiful.ai는 누구나 자신의 아이디어를 시각적인 스토리로 쉽게 보여주는 플랫폼입니다. 텍스트나 이미지를 넣으면 알아서 크기를 조정해주고 슬라이드가 보기 좋으면서도 메시지를 효과적으로 전달하도록 설계되었습니다. 제작 과정을 단순화하여 사용자가 디자인보다 콘텐츠 제작에 집중할 수 있도록 도와줍니다. Beautiful.ai는 챗GPT를 만든 OpenAI가 제공하는 서비스입니다. 다만 이 부분이 강점이자 약점이 될 수 있는데요. OpenAI라는 이름이 신뢰를 줄 수 있지만, OpenAI의 가장 큰 투자사이자 파트너인 마이크로소프트의 주력 서비스인 마이크로소프트 365와 충돌할 가능성이 있기 때문이죠. 그래서인지 Gamma에 비해 잘 알려져 있지는 않습니다.

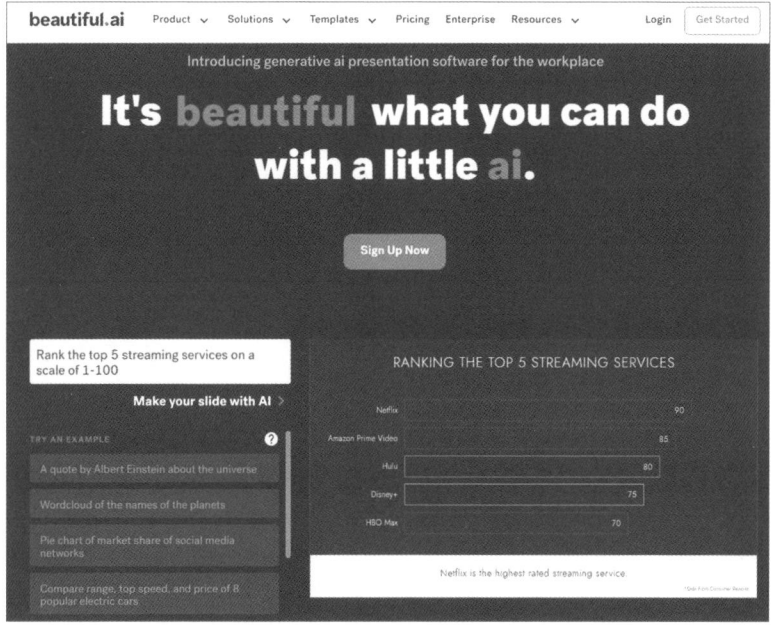

사이트에 접속하니 멋진 프레젠테이션을 불과 몇 분만에 만들 수 있다고 소개하고 있습니다. 또 메인 페이지에서는 다양한 예시들도 보여주는데 상위 5개 스트리밍 서비스를 1-100점으로 책정하고 순위를 매겨 달라(Rank the top 5 streaming services on a scale of 1-100)는 내용을 선택하면 우측 화면처럼 그래프가 포함된 슬라이드가 만들어지는 것을 알 수 있습니다.

    Beautiful.ai는 두 가지 요금제가 있습니다. 프로pro 요금제는 매달 12달러를 지불해야 하고 팀team 요금제는 매달 40달러입니다. 요금제와 관계없이 14일 동안 시험판을 사용할 수 있는데 카드를 등록하지 않으면 사용할 수 없습니다.

따라서 Beautiful.ai는 이 정도로 소개만 하도록 하고 저희는 Gamma를 위주로 살펴보도록 하겠습니다.

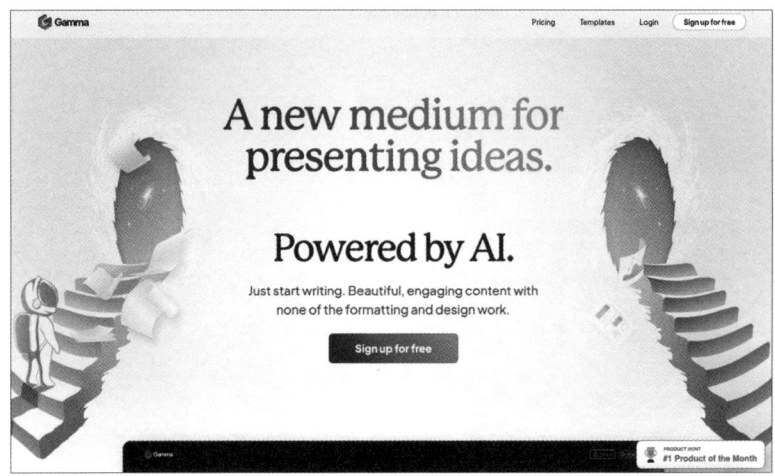

Gamma의 경우 일반적으로 딱 한 줄만 입력해도 파워포인트 문서를 만들어주는 AI라고 알려져 있는데요. 실제로 그런 식으로 소개하고 있는 블로그나 영상도 꽤 많은 편입니다. 하지만 다른 AI의 경우도 마찬가지이지만 이런 기능은 AI에 대한 데모 역할일 뿐 실제로 사용하는 것은 거의 불가능합니다.

우리가 제안서를 만들 경우 파워포인트를 열기 전에 워드나 메모장, 엑셀 등을 활용해서 간단하게라도 흐름을 작성하게 됩니다. Gamma를 사용할 때도 마찬가지입니다. 사전에 초안을 만든 뒤에 이를 프레젠테이션 문서로 전환하는 역할이라고 생각하시면 됩니다. 다음의 그림을 보시죠.

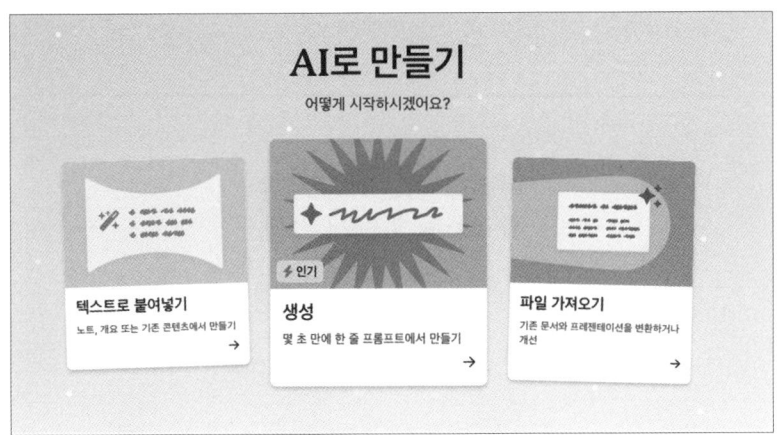

가운데에 '인기'라고 되어 있는 '생성' 메뉴에서는 앞서 언급한 대로 한 줄만 입력해도 프레젠테이션 형식의 문서를 만들어줍니다. 하지만 우리가 주로 사용할 것은 왼쪽에 있는 '텍스트로 붙여넣기'입니다. 이 텍스트는 어떻게 만들까요? 우리는 챗GPT의 도움을 받을 수 있으니 걱정할 필요는 없습니다. 다음에 이어지는 Toy Project를 통해 챗GPT를 활용해서 제안서를 기획하고 Gamma로 프레젠테이션 문서를 만드는 과정을 살펴보도록 하겠습니다.

> Toy Project <

비건을 위한 대체우유
V-Milk 제안서 작성

광고 대행사인 을지기획의 박 대리는 이제 3년차 광고기획자입니다. 그런데 요즘 스트레스가 이만저만이 아닙니다. 얼마 전 종종 협업하던 홍보대행사에서 V-Milk라는 브랜드를 소개해줬는데 어찌하다 보니 박 대리가 혼자 제안서를 써야 할 상황이 된 거죠.

예산이 많지 않았고 현재 회사에는 신규 제안에 투입할 인력도 없지만 소개해준 홍보대행사와의 관계를 생각하면 제안에 참여하지 않겠다고 말할 수도 없는 난처한 상황이었죠. 그런데 분위기가 묘하게 흘러가더니 누군가 처음 연락을 받은 박 대리가 직접 해보면 어떻겠냐는 의견을 냅니다.

그전까지 박 대리는 회의

비건을 위한 대체우유 V-Milk.(달리)

에 참여하거나 제안서 중 일부를 맡아서 작업한 적은 있지만 혼자 진행한 적은 없었는데요. 더 난감한 점은 지금까지 을지기획이 F&B쪽 프로젝트를 진행한 적이 없어서 박 대리가 참고할 만한 자료가 전무하다는 점입니다.

어떻게 할까 고민하다가 챗GPT와 함께 작업을 해보기로 했습니다. 하지만 제안서를 요청하려면 V-Milk에 대한 정보를 입력해야 하는데 대체 뭘 입력해야 할까요? 박 대리는 필요한 게 뭔지 챗GPT에게 물어보기로 했습니다.

챗GPT로 제안서 기획하기

'V-Milk'라는 대체우유에 대한 경쟁 프레젠테이션 제안서를 작성해줬으면 해. 작성 전에 혹시 필요한 정보가 있을까?

네, 'V-Milk'라는 대체우유에 대한 경쟁 프레젠테이션 제안서를 작성하는 데 필요한 몇 가지 정보가 있습니다

1. 제품 소개
'V-Milk'의 주요 성분은 무엇인가요?
이 제품의 독특한 특징과 이점은 무엇인가요?
다른 대체우유와 비교했을 때 이 제품의 차별화된 점은 무엇인가요?
2. 시장 분석
타깃 고객은 누구인가요?
경쟁사와 그들의 제품은 무엇인가요?
시장의 현재 상황과 트렌드는 어떤가요?

3. 마케팅 전략

'V-Milk'의 가격 전략은 어떻게 될까요?

판매 채널과 배포 전략은 어떤가요?

프로모션 전략은 어떤 방향으로 진행할 계획인가요?

4. 예상되는 이슈와 해결 방안

'V-Milk'가 마주칠 수 있는 잠재적인 문제는 무엇인가요?

이러한 문제를 해결하기 위한 계획은 무엇인가요?

5. 로드맵

제품 출시 후의 중단기와 장기적인 계획은 무엇인가요?

예상되는 업데이트나 개선사항이 있을까요?

이러한 정보를 기반으로 보다 구체적이고 효과적인 프레젠테이션 제안서를 작성할 수 있을 것입니다. 필요한 정보를 제공해주시면 감사하겠습니다.

챗GPT가 요구하는 정보가 많지만 지금은 정보는 광고주가 보내준 RFP 밖에 없으니 이거라도 입력해봐야겠습니다.

나중에 들은 사실로 광고주도 RFP를 처음 써봐서 챗GPT를 활용해서 만들었다고 합니다. 어쨌든 박 대리는 이 RFP의 내용을 그대로 입력하고 챗GPT에게 제안서의 목차를 요청했습니다. 하지만 챗GPT는 자꾸 RFP 내용만 다시 요약해서 정리해주더군요. 몇 번을 반복해도 상황은 똑같았습니다. 역시 AI는 아직까지 쓸 게 못된다며 포기하려다가 AI 관련 책도 낸 적이 있는 선배에게 물어보기로 했습니다.

최프로: 챗GPT 같은 AI에게 뭔가 요청할 때는 **내 목적이 뭔지, 어떤 결과를 바라는 것인지를 명확하게 인식**시켜야 돼. 필요한 게 경쟁 프레젠테이션을 위한 제안서의 흐름을 잡는 거라면 '경쟁 프레젠테이션 제안서의 구성을 잡아 달라'고 하면 되지 않을까? 그리고 공식적인 연구는 아니지만 대답을 잘 해주면 팁을 주겠다고 하면 더 좋은 결과를 얻을 수 있다는 이야기도 있어.

박 대리는 과연 몇 줄 더 넣는다고 결과가 크게 달라질까 싶어 반신반의했지만 달리 방법도 없으니 아래와 같이 요청해보았습니다.

 우리 회사는 V-Milk에서 요청한 경쟁 프레젠테이션에 참여하려고 해. 다음의 RFP 내용을 토대로 경쟁 프레젠테이션 제안서의 흐름에 맞춰서 구성을 잡아줘.

> **V-Milk의 경쟁 프레젠테이션을 위한 RFP**

1. 개요
본 RFP는 'V-Milk' 프로젝트의 경쟁 프레젠테이션 준비를 위한 문서입니다. 다음은 제안의 주요 내용을 중심으로 구성되어 있습니다.

2. 제품 정보
1.1. 제품명 : V-Milk
1.2. 제품 설명
'V-Milk'는 다양한 식물성 원료를 기반으로 한 신선한 밀크 제품입니다.

3장 — AI로 기획하기

귀리, 아몬드, 쌀, 캐슈너트, 마카다미아, 완두콩, 흑임자, 까만콩 등의 원료에서 단백질과 지방을 추출하여 만든 식물성 우유입니다.

3. 타깃 고객

채식주의자 및 비건

건강 및 다이어트에 관심이 많은 사람들

4. 판매 채널

V-Milk가 보유한 유통망을 활용

온라인 주문 시 당사가 자체 보유한 시스템을 통해 익일 새벽 배송

5. 마케팅 전략

주로 SNS를 활용한 콘텐츠 마케팅을 계획하고 있습니다.

다양한 온라인 플랫폼을 통해 제품의 인지도와 소비자 기반을 확장할 계획입니다.

6. 제안 요청

본 RFP에 따른 제안은 X월 X일까지 제출해주시기 바랍니다.

제안서는 이메일 혹은 오프라인 방식으로 제출 가능합니다.

7. 기타

추가적인 질문이나 필요한 정보는 010-XXXX-XXXX로 연락주시기 바랍니다.

 알겠습니다. 경쟁 프레젠테이션 제안서를 위한 구성을 아래와 같이 정리해보겠습니다.

커버 페이지

제목: V-Milk 경쟁 프레젠테이션 제안서

로고와 회사명 : (당사의 로고와 회사명 추가)

제안 일자

소개 페이지

목적 : V-Milk 프로젝트에 대한 경쟁 제안의 목적 및 개요

대행사 소개 : 당사의 간단한 소개 및 전문성 강조

서비스 제안

제안 내용 : V-Milk를 중심으로 한 제안의 핵심 내용

서비스 방안 : 실행 계획 및 방법론에 대한 설명

제품 분석 및 전략

제품 분석 : V-Milk의 강점, 특징 및 타깃 고객에 대한 분석

시장 분석 : 시장 동향, 경쟁 상황 및 타깃 고객에 대한 분석

마케팅 전략 : SNS 및 온라인 플랫폼을 중심으로 한 마케팅 전략 제시

실행 계획

타임라인 : 프로젝트의 주요 단계 및 예상 시간표

리소스 배정 : 필요한 리소스 및 역할 분배에 대한 설명

비용 예산

예산 상세 : 서비스 제공에 필요한 전체 비용 및 세부 비용 분류

기대 효과 및 메리트

성공 예상 : 프로젝트가 성공했을 때의 예상되는 효과 및 기여도

ROI 예측 : 투자 대비 예상되는 수익률 분석

종료 및 연락처

Q&A : 질의응답 세션

연락처 : 연락 받을 수 있는 주요 연락처 정보 및 이메일

부록 (선택)

참고 자료 : 관련된 기타 참고 자료 및 도표, 그래프 등

이러한 구성으로 제안서를 준비하여 V-Milk 프로젝트의 경쟁 프레젠테이션을 진행하면 좋을 것 같습니다. 추가 수정이 필요하다면 말씀해주세요!

드디어 나왔습니다. 마음이 한결 편해지네요. 이 흐름대로만 채워도 일단 기본은 할 수 있을 것 같았거든요. 하지만 막상 시작해보니 슬슬 욕심이 생겼습니다. 이왕 시작한 거 수주까지 하면 좋지 않겠어요?

그렇다면 선배의 말처럼 **광고주가 우리에게 기대하는 바가 무엇인지를 파악**해야 할 것 같습니다. 다른 팀원에게도 아이데이션을 함께하자고 요청하고 싶지만 다들 매일 같이 야근에 시달리느라 시간을 내기 어렵습니다. 일단 챗GPT에게 요청해보겠습니다.

V-Milk라는 회사가 대행사에게 가장 듣고 싶은 제안 내용은 뭘까? 광고주의 입장에서 대행사에 기대하는 바가 무엇일까에 대한 아이디어를 제시해줘.

V-Milk라는 회사가 대행사에게 기대하는 바와 듣고 싶은 제안 내용은 다음과 같을 수 있습니다.

1. 창의적인 아이디어와 전략: V-Milk는 대행사로부터 시장에서 차별화될 수 있는 창의적이고 신선한 마케팅 아이디어와 전략을 기대하고 있을 것입니다.
2. 목표 고객 인사이트: 타깃 고객인 채식주의자 및 건강 의식이 높은 소비자들에 대한 깊은 이해와 인사이트 제공을 기대할 것입니다.
3. 효과적인 브랜딩 전략: V-Milk 브랜드의 인지도를 높이고 브랜드 이미지를 강화하는 데 기여할 수 있는 효과적인 브랜딩 전략을 제안해야 합니다.
4. 디지털 마케팅 전문성: SNS와 다양한 온라인 플랫폼에서 효과적인 콘텐츠 마케팅 전략 및 실행 계획을 기대할 것입니다.

5. **ROI 최적화 방안**: 투자한 마케팅 비용에 대한 효과적인 반환을 얻을 수 있는 방안과 측정 방법에 대한 구체적인 제안이 필요할 것입니다.
6. **유연한 커뮤니케이션**: V-Milk와 유연하게 소통하며 프로젝트 진행 상황 및 피드백을 신속하고 정확하게 반영할 수 있는 대행사를 기대할 것입니다.
7. **실행 가능한 실천 계획**: 제안된 전략과 아이디어가 실제로 실행 가능하며, 구체적이고 실천 가능한 계획을 제시해야 합니다.
8. **지속 가능한 관계 구축**: 단기적인 성공뿐만 아니라 장기적인 관계를 구축하고 지속적으로 성과를 내어 나갈 수 있는 대행사를 기대할 것입니다.

V-Milk 입장에서 이러한 요소들을 충족시키는 대행사에게 제안을 듣고 싶을 것이며 이를 통해 시장에서의 경쟁력을 높이고 싶어 할 것입니다.

다 좋은 내용이긴 한데 너무 거창한 데다 다소 뻔한 이야기들 같습니다. 게다가 박 대리의 실력으로는 이런 주제로 2주 안에 제안서를 절대 쓸 수 없을 것 같았죠.

 박 대리는 하나에 집중하기로 했습니다. 광고주의 기대를 파악하려고 했던 것처럼 '목표 고객의 인사이트'에 좀 더 집중해서 효과를 극대화해보기로 합니다. 결국 우리는 고객을 창출하는 것이고, 아이디어가 막히면 고객에 집중하라는 이야기를 항상 들어 왔거든요. 특히 채식주의자와 건강 의식이 높은 소비자에게 깊은 이해와 인사이트를 제공할 것이라는 점이 마음에 들었습니다. 다시 챗GPT에게 아이디어를 요청해보겠습니다.

2번 목표 고객의 인사이트에 대한 아이디어를 10개 정도로 제시해줘.

 V-Milk의 목표 고객은 채식주의자 및 건강과 다이어트에 관심이 많은 사람들입니다. 이러한 고객군의 인사이트를 도출하여 마케팅 전략에 활용할 수 있는 아이디어를 제시해드리겠습니다.

1. 영양 정보 제공 : V-Milk의 각 성분과 그 영양적 특성에 대한 자세한 정보를 고객에게 제공하여, 고객이 제품을 선택할 때 도움을 줍니다.
2. 레시피 개발 : V-Milk를 활용한 다양한 레시피를 제공하여, 고객이 제품을 다양한 방법으로 즐길 수 있도록 합니다.
3. 생활 습관과 연계 : 채식주의자나 건강 의식이 높은 고객들의 생활 습관과 V-Milk를 어떻게 연계할 수 있는지 제안합니다.
4. 커뮤니티 구축 : 같은 가치관을 가진 고객들이 정보를 공유하고 소통할 수 있는 온라인 커뮤니티를 구축합니다.
5. 지속 가능한 제품 포장 : 환경을 고려한 지속 가능한 포장을 사용하여, 에코 프렌들리한 브랜드 이미지를 구축합니다.
6. 피드백 수렴 : 고객들로부터의 피드백을 적극적으로 수렴하여, 제품과 서비스 개선에 반영합니다.
7. 건강 콘텐츠 제공 : 건강에 관련된 유익한 콘텐츠를 주기적으로 제공하여, 고객과의 연결을 강화합니다.
8. 제품 다양화 : 고객의 다양한 취향과 요구를 충족시킬 수 있는 다양한 맛과 종류의 제품을 개발합니다.
9. 협업 및 파트너십 : 건강과 웰니스 분야의 다른 브랜드나 전문가들과 협업하여, 고객에게 추가적인 가치를 제공합니다.
10. 이벤트 및 프로모션 : 고객 참여를 유도하는 이벤트나 프로모션을 진행하여, 브랜드에 대한 고객의 애착을 높입니다.

이러한 인사이트를 바탕으로 V-Milk는 타깃 고객과의 연결을 강화하고, 고객이 브랜드와 더욱 긴밀하게 소통하고 참여할 수 있는 기회를 제공할 수 있을 것입니다.

박 대리는 고객에게 구매 동기Why를 명확히 인식시키기 위해서는 '영양 정보 제공'과 '이벤트 및 프로모션'에 집중하는 게 좋겠다고 생각하고 마지막 점검 차원에서 주변의 의견을 들어보기로 했습니다. '비건 및 건강과 관련된 음료가 있을 때 어떤 기준으로 선택할 것인가?'를 확인하기 위해서요.

친구들에게도 의견을 물어보고 회사 직원들에게도 잠시만 시간을 내서 참여해 달라며 온라인 설문도 진행했습니다. 설문결과를 요약하면 새로운 제품이 나왔다면 한 번씩 먹어보는데 그다음부터는 보통 잊어버리거나, 과거에 이용하던 제품을 다시 이용하거나 아니면 다시 어떤 특별한 일이 있을 때까지 안 먹는다는 답변이 많았습니다. 한마디로 진입장벽이 낮아 홍보가 어렵지 않다는 장점이 있으나 다른 회사 제품과 다른 특별한 무언가가 없다면 금방 잊어버린다는 단점도 있다는 뜻이었죠.

돌이켜보니 박 대리도 비슷한 경험들이 꽤 많았습니다. 새로 나온 상품이 홍보 차원에서 1+1 같은 신제품 출시 프로모션을 하면 그때만 구매했다가 금방 잊어버리는 일이 많았죠. 이 조사결과대로라면 박 대리가 진행하는 캠페인도 그저 반짝하는 이벤트에 그칠 가능성이 높습니다. 그냥 무시하고 이대로 진행했다가 프레젠테이션 때 광고주가 이 부분을 지적하면 뭐라고 답을 해야 할지 몰라 걱정이 됩니다. 체리피커처럼 이벤트에만 관심 있는 고객을 양산할 프로모션이 아니냐고 물었을 때 어떻게 대답해야 할지 상상만 해도 머리가 아픕니다. 설마 나에게 프레젠테이션까지 시키는 게 아닐까 공포심마저 드네요. 박 대리의 막막함이 표정으로 드러났는지 지나가던 선배가 묻습니다. 박 대리의 사정 이야기를 듣던 선배가 웃으며 이야기합니다.

> 선배: 그럼 설문에서 나타난 문제의 핵심은 소비자의 **'의지와 습관'**이라는 거잖아. 오히려 문제를 파악했으니 해결도 더 쉬워진 거 아닐까? 광고주도 똑같은 고민을 하고 있을 테니 아예 처음부터 의지와 습관을 개선할 수 있는 방향으로 접근해봐.

박 대리는 이 말을 듣고 정신이 번쩍 들었습니다. 챗GPT가 던져준 안들을 다시 살펴보니 '생활 습관과 연계' '커뮤니티 구축' '건강 콘텐츠 제공' 등이 눈에 들어 왔습니다. 생각을 바꾸니 새로운 아이디어들도 막 떠오르기 시작합니다. 박 대리는 이 주제를 활용해 소비자들이 어떤 상황에서 V-Milk를 이용하게 되고 또 왜 쉽게 포기하는지 등에 대해 공감할 수 있는 스토리를 개발하는 것이 좋을 것 같다고 생각했습니다. 그리고 비건식만으로 식사를 하거나 다이어트를 할 때 힘든 점 등을 공유하며 서로 의지를 북돋아줄 수 있는 커뮤니티를 만들어보는 것도 괜찮겠다는 생각이 들더군요. 박 대리는 을지기획에 입사하기 전에 배달 앱 회사에서 뉴스레터를 담당하는 인턴으로 일했었는데 당시 뉴스레터를 담당했던 선배에게 연락해서 협업을 제안해볼 수도 있겠다는 생각도 했습니다.

여기까지 생각하니 챗GPT에게 스토리 짜는 작업만 도움을 받으면 내용은 정리될 것 같은데 PPT 작성 작업을 어떻게 해야 할지 걱정이 들었습니다. 시간도 넉넉하지 않은데 광고주의 기대에 부응할 만한 파일을 만든다는 것이 쉽지 않았으니까요.

다음날 출근한 박 대리는 최프로에게 다시 연락했습니다. 집에 가는 길에 생각해보니 이 작업도 AI가 도와줄 수 있지 않을까 하는 기대가 생겼거든요.

> 최프로: 슬라이드를 구성하는 데 도움을 줄 수 있는 서비스는 여러 가지가 있는데 일단 Gamma라는 서비스가 있어. 챗GPT를 만든 OpenAI가 개발한 Beautiful.ai라는 것도 있지. Gamma는 일단 무료로 쓸 수가 있는데 Beautiful.ai는 카드 등록을 해야 해. 그리고 Canva처럼 디자인 템플릿을 제공하는 곳에서도 AI를 기반으로 작업을 해주는데 각각 장단점이 있으니 직접 사용해보고 결정하면 될 거야.

박 대리는 여기까지 확인하고 바로 Beautiful.ai에 접속했습니다. 하지만 카드를 등록했다가 결제가 된 적이 종종 있어 좀 망설여지더군요. 나중에 다시 써보기로 하고 Gamma에 접속했습니다. Gamma의 경우 무료로 사용할 수 있다고 하지만 가입 시에 받은 크레딧을 소진하는 방식이라 계속 사용하려면 결제를 해야 합니다. 하지만 카드 등록이 필수인 Beautiful.ai에 비하면 위험 부담이 좀 더 적다는 점이 장점으로 보입니다. 바로 가입해서 사용해보겠습니다.

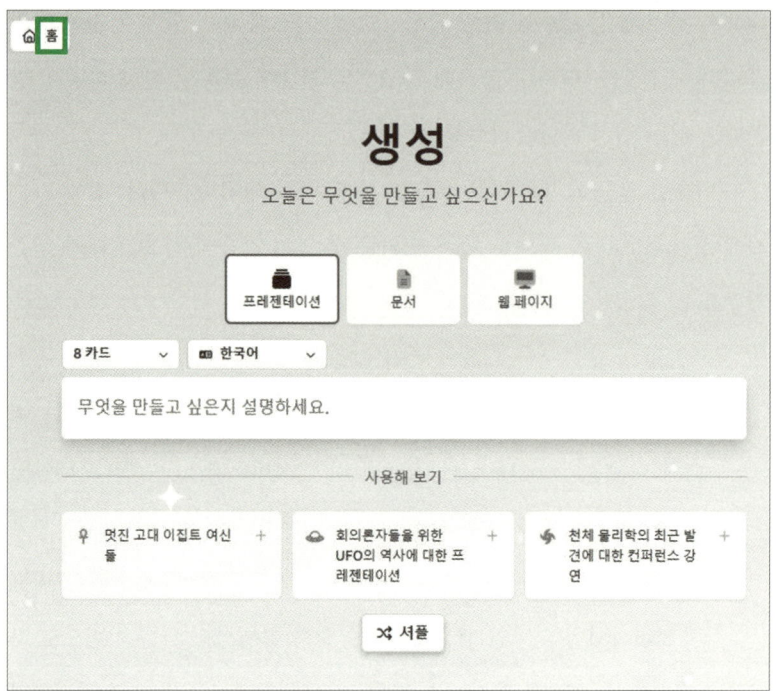

목적에 따라 내용을 조정하며 가입하면 위와 같은 화면이 나타납니다. 사용 목적에 따라 '프레젠테이션' 외에도, '문서', '웹 페이지'도 만들 수 있다는 것을 알 수 있습니다. 프레젠테이션은 실시간으로 프레젠테이션하거나 비동기식으로 읽을 수 있도록 공유할 수 있습니다. 내용에 맞게 카드가 확장됩니다. 문서는 더 많은 텍스트, 더 적은 시각 자료, 가독성을 높이기 위해 카드를 세분화합니다. 웹 페이지는 랜딩 페이지와 같은 버튼을 추가합니다. 링크를 통해 공유하거나 웹사이트로 게시합니다. 먼저 좌측 상단의 [홈] 버튼을 클릭하겠습니다.

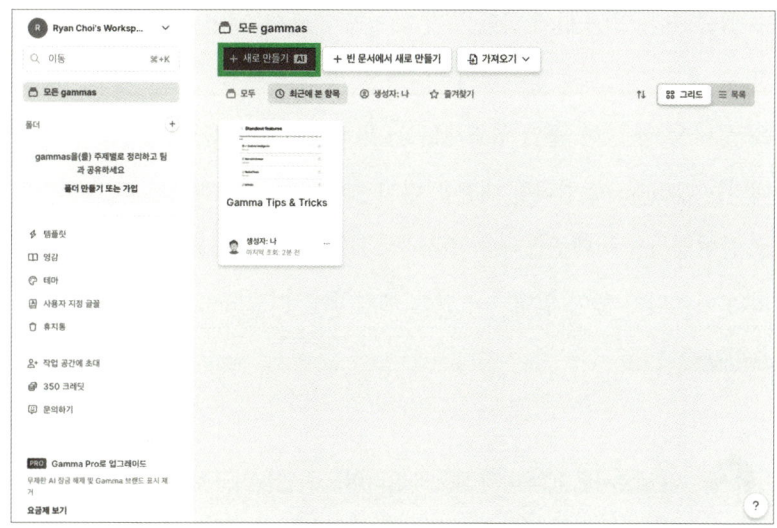

새로 만들기: [홈] 버튼을 누르면 위와 같은 화면이 나타납니다. 슬라이드 제작 작업을 시작하기 위해 [새로 만들기] 버튼을 클릭합니다.

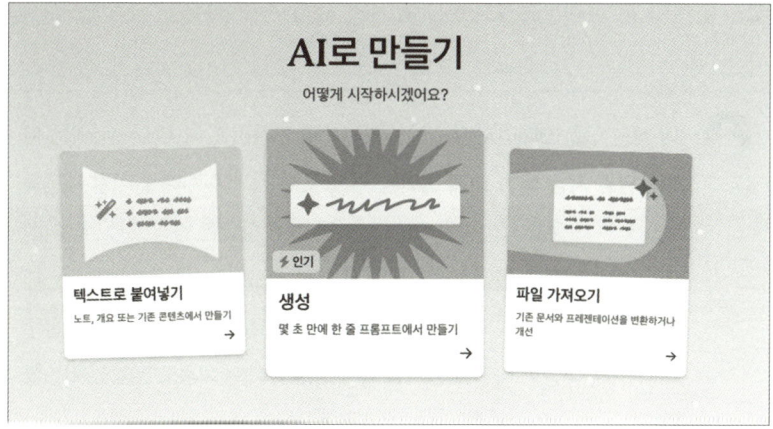

AI로 만들기: [새로 만들기]를 클릭하니 세 가지 옵션 중에 하나를 선택할

수 있습니다. 일단 현재 파일은 갖고 있지 않으니 '파일 가져오기'는 사용할 수 없고 '텍스트로 붙여넣기'나 '생성' 중에 선택할 수 있는데요. '생성'을 선택할 경우 한 줄만 입력해도 AI가 알아서 문서를 만들어줍니다. 박대리는 Gamma에 입력한 내용을 다시 챗GPT에 요청하기로 하고 텍스트로 붙여넣기를 선택했습니다. 먼저 챗GPT로 돌아와서 RFP 내용 및 박 대리의 아이디어 등이 입력되어 있는 채팅창에서 Gamma에 입력한 내용을 요청했습니다.

 이 제안서를 10페이지 정도의 슬라이드로 만들려고 해. Gamma라는 파워포인트 자동 생성 AI에 입력할 수 있도록 각 페이지에 들어갈 제목과 핵심적인 내용을 작성해줘.

엔터를 누르려다가 문득 최프로의 말이 떠올랐습니다. '팁을 준다고 하라고?' 밑져야 본전이니 프롬프트를 좀 수정하기로 했습니다.

 이 제안서를 10페이지 정도의 슬라이드로 만들려고 해. Gamma라는 파워포인트 자동 생성 AI에 입력할 수 있도록 각 페이지에 들어갈 제목과 핵심적인 내용을 작성해줘. 그리고 이건 아주 중요한 경쟁 프레젠테이션이야. 을지기획은 콘텐츠와 커뮤니티 형성에 노하우가 있는 곳이라는 내용을 강조해줘. 그리고 비건뿐 아니라 다이어트를 하려는 고객들을 흡수하기 위해 다양한 비건 챌린지를 함께 진행한다는 내용도 포함했으면 좋겠어.

이러한 중요한 경쟁 프레젠테이션을 위해, '을지기획'의 콘텐츠 제작 및 커뮤니티 형성 노하우를 강조하고, 비건뿐만 아니라 다이어트에 관심 있는 고객들을 위한 다양한 비건 챌린지를 제안하는 내용을 포함하여 개선하겠습니다.

페이지 1 : 표지
제목 : "V-Milk : 비건 커뮤니티와 함께 성장하는 브랜드 전략"
부제목 : "을지기획의 혁신적인 마케팅 제안"
날짜 및 대행사 로고

페이지 2 : 프로젝트 개요
제목 : "프로젝트 개요 : 비건 시장을 변화시키는 V-Milk"
내용 : V-Milk 프로젝트의 목표 및 중요성 강조. 비건 제품에 대한 사회적, 환경적 가치의 전달.

페이지 3 : 을지기획 소개
제목 : "콘텐츠와 커뮤니티 형성의 전문가"
내용 : 을지기획의 콘텐츠 제작 및 커뮤니티 구축 노하우 강조. 다양한 분야에서 성공적인 캠페인 운영 경험 소개.

페이지 4 : 시장 및 타겟 고객 분석
제목 : "비건 시장의 확장 : 다이어트 관심층 포함"
내용 : 비건 시장 및 다이어트 시장의 연결점 분석. 비건 제품이 다이어트에 미치는 긍정적인 영향 강조.

페이지 5 : 제안의 핵심
제목 : "콘텐츠로 커뮤니티를 형성하다"
내용 : 비건 생활 방식과 다이어트에 도움을 주는 맞춤형 콘텐츠 제작 계획 소개.

페이지 6 : 비건 챌린지 캠페인
제목 : "V-Milk 비건 챌린지 : 건강한 변화를 위한 도전"
내용 : 다이어트를 목표로 하는 고객을 포함하여 비건 생활 방식을 장려하기 위한 다양한 챌린지 기획 소개.

페이지 7 : 마케팅 전략
제목 : "통합 마케팅 커뮤니케이션 전략"
내용 : SNS, 블로그, 인플루언서 및 오프라인 이벤트를 통해 비건 챌린지를 홍보하고 커뮤니티 참여를 촉진하는 전략.

페이지 8 : 실행 계획 및 타임라인
제목 : "실행으로 옮기는 아이디어"
내용 : 비건 챌린지 및 커뮤니티 활성화를 위한 단계별 실행 계획과 타임라인.

페이지 9 : 예산 및 리소스
제목 : "효과적인 예산 배정과 리소스 활용"
내용 : 캠페인의 성공적인 실행을 위한 예산 계획 및 필요 리소스 분석.

페이지 10 : 기대 효과 및 결론
제목 : "변화를 향한 첫 걸음"

내용 : 비건 챌린지를 통한 브랜드 인지도 향상, 커뮤니티 확대, 고객 충성도 증진에 대한 기대 효과.

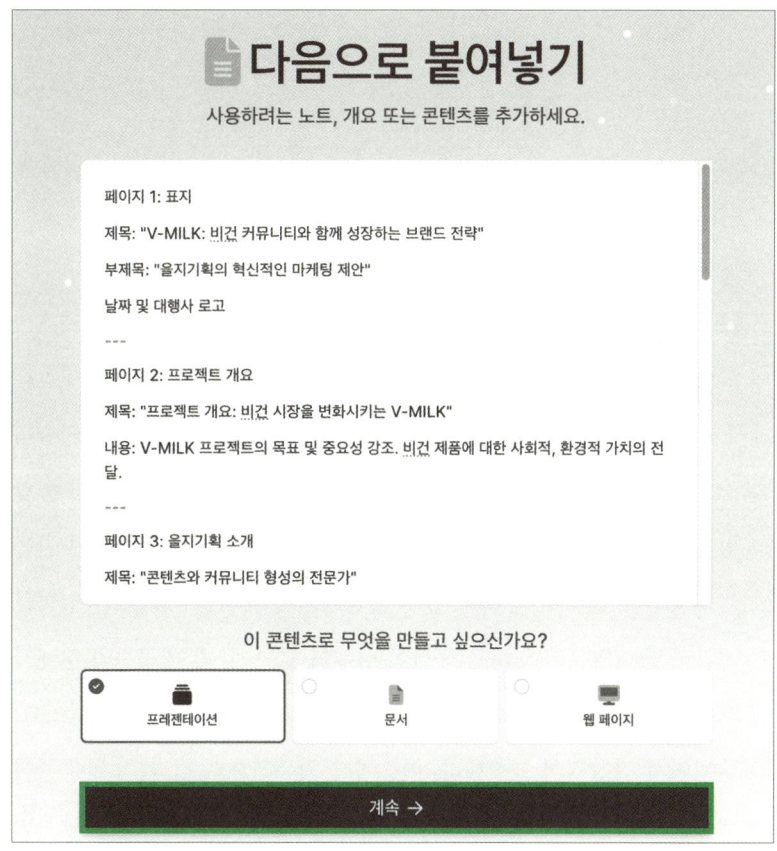

텍스트 내용을 입력하니 '이 콘텐츠로 무엇을 만들고 싶으신가요?'라는 질문이 나타나네요. 박 대리는 '프레젠테이션'을 선택하고 [계속]을 클릭했습니다.

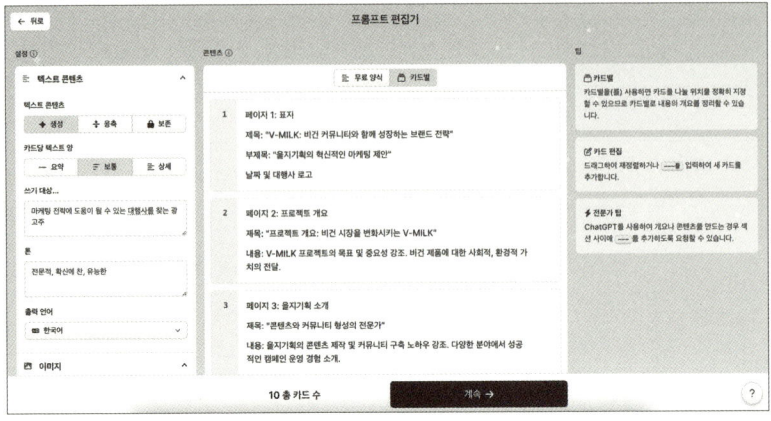

프롬프트 편집기: 화면 왼쪽에는 '설정'이 있는데 각 카드에 들어갈 텍스트의 양이나 언어, 각 카드에 들어갈 이미지를 AI로 생성할 것인지, 언스플래시 같은 무료 이미지 사이트에서 가져올 것인지 등을 설정할 수 있습니다. 쓰기 대상은 원래 투자자라고 자동 입력된 부분을 마케팅 대행사를 찾고 있는 광고주로 변경했고, 톤은 전문적인, 확신에 찬, 유능한 등이 자동으로 입력되어 있네요. 중간에 있는 콘텐츠 부분에서는 텍스트만 입력하는 공간과 카드별로 입력하는 공간이 나뉘어 있는데, 박 대리는 앞장에서 각 페이지를 구분하기 위해 ---를 입력했기에 자동으로 각 페이지(카드)가 나뉘어서 작성되어 있습니다. 이곳에서 최종적으로 각 페이지에 들어갈 내용을 수정할 수 있습니다. 이제 마지막으로 디자인 테마만 선택하면 텍스트는 슬라이드로 변환됩니다.

테마 선택 및 슬라이드 수정: 최종적으로 디자인 테마까지 선택하고 나니 다음과 같이 각 슬라이드를 수정할 수 있는 페이지가 나타납니다. 이 페이지에서 이미지나 세부적인 내용을 수정할 수 있으며, 페이지를 추가

할 수도 있습니다. Gamma에서 제공하는 각종 레이아웃이나 도형 등을 활용해서 좀 더 쉽게 페이지 제작이 가능합니다. 모든 작업이 완료되면 다운로드합니다.

원하는 형식으로 다운로드하기: 상단 우측의 […] 버튼을 클릭하고 '내보내기'를 선택하면 파워포인트나 PDF로 다운로드할 수 있습니다. 이후 파워포인트나 구글 프레젠테이션에서 내용을 수정하면 됩니다.

이상 Toy Project에서 만든 예제 파일은 다음의 QR 코드를 스캔하면 확인할 수 있습니다.

Gamma로 만든
프레젠테이션 확인하기

4장

AI로 글쓰기

최근 마케팅에 있어서 '글'의 가치가 엄청나게 높아졌습니다. 글이 다시 중요해진 것은 SNS와 같은 개인 미디어의 발전과 큰 관련이 있죠. 우리는 글, 즉 콘텐츠를 통해 우리의 잠재적 소비자를 만들어 낼 수 있기 때문입니다. 게다가 코로나 이후 비대면으로 업무를 하는 경향이 많아지면서 글로 소통하는 경우가 많아졌습니다. 예전 같으면 직접 만나서, 또는 전화로 했을 이야기도 이제 이메일이나 메신저로 전달하죠.

때로는 블로그나 커뮤니티에 올린 글 하나가 엄청나게 확산되기도 합니다. 일론 머스크 같은 유명인사가 아니라 이름 없는 트위터리안이라도 촌철살인인 문구 하나만 잘 써도 인기를 끌 수 있고요. 또 글은 모든 콘텐츠의 기반이 됩니다. 유튜브 등에 올릴 영상을 만든다고 해도 사전에 문서로 된 시놉시스를 만들어야 하니까요.

하지만 글쓰기는 만만한 작업이 아닙니다. 특히 마케팅이나 브랜딩을 위한 글이라면 더욱 그렇죠. 그래도 걱정할 필요는 없습니다. 챗GPT는 기본적으로 언어를 구사하기 위해 개발된 AI거든요. 가장 뛰어난 능력도 글쓰기이고요. 우리가 챗GPT를 보고 깜짝 놀란 것도 대화가 너무 자연스러웠기 때문입니다. 그렇게 본다면 챗GPT에서 우리가 가장 잘 활용할 수 있는 기능은 글쓰기입니다. 또 최근에는 뤼튼이나 클로바 등 한국어를 잘 구사하는 AI가 점점 늘어나고 있으니 그동안 글쓰기를 두려워했던 분들도 이제 한번 도전해볼 수 있지 않을까요? 4장에서는 AI를 활용해 효과적이고 효율적으로 글쓰기를 하는 방법을 소개하겠습니다.

브랜디드 콘텐츠 만들기

> 마케팅의 핵심은 더 이상 당신이 만드는 물건이 아니라 당신이 들려주는 이야기다
>
> ― 세스 고딘(비즈니스 전략가)

여러분은 브랜디드 콘텐츠하면 어떤 사례가 떠오르시나요? 아마도 빙그레의 빙그레우스 콘텐츠나 KCC 창호의 무한 광고 유니버스에 빠진 성동일 같은 광고를 떠올리실 듯 합니다. 또 그랑사가의 연극의 왕이나 배달의민족에서 진행한 백일장 같은 사례를 생각하실 수도 있겠네요. 이렇게 브랜드 커뮤니케이션을 위해 만들어진 콘텐츠를 우리는 **브랜디드 콘텐츠** branded contents라고 합니다. 브랜디드 콘텐츠는 쉽게 말해서 고객이 좋아할 만한 콘텐츠에 우리의 브랜드 메시지를 녹이는 것을 의미합니다. 광고와는 달리 상품 판매보다 지속적으로 고객과의 관계를 맺는 것에 초점을 맞추고 있죠.

　브랜디드 콘텐츠를 제대로 활용하려면 왜 중요해졌는지를 따져봐야 합니다. 이 부분을 정확히 이해하고 있어야 제대로 된 콘텐츠 전략을 수립할 수 있으니까요. 전통 미디어에서는 광고를 통해 소비자들의 관심을 끌고 '기억'을 유도합니다. 이 시절의 소비자여정 consumer journey 은 주로 AIDMA라는 흐름으로 정리할 수 있습니다. AIDMA는 소비자의 여정을 머리글자만 따서 만든 용어입니다. 즉, Awareness(인지) → Interest(관심) → Desire(욕망) → Memory(기억) → Action(구매) 의 순서인데요. 광고와 마케팅의 목적은 기억까지 빌드업을 하는 것이고, 최종적으로 구매를 하는 시점에서 기억을 소환하도록 만드는 것이죠. 결국 기억이 중요한 이유는 광고를 보는 시점(TV, 신문)과 구매를 하는 시점(마트, 백화점에 방문할 때) 사이에 시간적, 공간적 간격이 있기 때문입니다. 이 모델에 따르면 기억은 최종적인 구매로 이어지는 데 중요한 역할을 한다는 것을 알 수 있습니다.

하지만 이제 소비자들은 기억을 잘 못합니다. 전화번호도 못 외우죠. 모든 걸 스마트폰이 대신 기억해주고 궁금한 것도 검색하면 바로바로 나오니 굳이 기억하려고 노력할 필요도 없습니다. 브랜드 회사 입장에서도 자신들이 관리해야 할 채널이 워낙 다양해져서 웬만한 규모의 회사가 아니라면 소비자가 기억할 수 있을 만큼 광고를 많이 노출할 수도 없습니다.

그래서 '기억'을 대신하게 된 것이 '관계'입니다. 회원가입이나 구독과 좋아요, 쿠키 등 어떤 방식으로든 우리 브랜드와 소비자가 관계를 맺어야 리타기팅을 통해 다시 메시지를 전달할 수 있으니까요.

이런 관계를 맺기 위한 장치가 바로 브랜디드 콘텐츠입니다. 이것으로 우리 브랜드에 관심이 있을 만한 고객들과 지속적인 관계를 맺는다면 그만큼 구매로 전환시킬 수 있는 가능성이 높아지게 됩니다.

브랜디드 콘텐츠에 대한 오해

브랜디드 콘텐츠에 대해 다소 길게 설명한 이유는 상당히 많은 브랜디드 콘텐츠가 이러한 목적, 즉 공통된 관심과 취향을 활용한 관계 구축에 맞지 않게 만들어지기 때문입니다. 잘못된 방향에 근거한 브랜디드 콘텐츠는 대표적으로 아래와 같은 유형이 있죠.

첫째, 브랜디드 콘텐츠를 제품 설명으로 채우는 경우입니다. 케이블 채널에서 볼 수 있는 보험사 상품이나 건강식품 브랜드광고처럼 만듭니다. 보통 15~30초 내외 광고와 달리 이렇게 꽤 긴 시간 동안 제품에 대한 설명을 하는 형태를 '인포머셜informercial'이라고 부릅니다. 많은 브랜디드 콘텐츠가 인포머셜과 비슷한 형태를 띠는데요. 아무래도 디지털 콘텐츠는 시간과 비용 면에서 상대적으로 자유롭다 보니 제품에 대해 좀 자세히 설명하고 싶은 욕심이 생기는 거죠. 하지만 소비자들은 우리 제품에 큰 관심이 없습니다. 선거 때마다 집으로 오는 각 후보자들의 이력이나 공약이 담긴 공보물을 떠올려 보세요. 정치에 아주 관심이 많은 분들이 아닌 이상 이런 자료들을 다 읽어 보지 않습니다. 대부분 그 후보가 속한 정당이니 이미지를 토대로 선택을 하죠. 한눈에 보기에도 깜짝 놀랄 만큼 기능이나 디자인이 혁신적이고 획기적이지 않다면 더 자세히 설명한다고 해서 누가 알아봐주지 않습니다.

둘째, 일단 콘텐츠는 무조건 재미가 있어야 한다고 믿는 경우입니다. 브랜드가 직접 웹드라마나 예능 프로그램을 만들고 중간에 자사 제품을 보여주는 경우를 들 수 있습니다. 일종의 PPL 방식이라고 할 수 있습니다. 일단 사람들이 많이 보게끔 하고 거기에 우리 브랜드나 제품에 대한 소개를 끼워 넣자는 의도죠. 이런 생각은 '노출$_{impression}$'을 중요시 했던 기존 광고 방식의 영향이 큽니다. 앞서 AIDMA라는 소비자여정에 대해 설명했지만 이는 개념적인 깔대기$_{funnel}$ (보통 소비자의 여정을 funnel로 표현합니다)일 뿐입니다. 첫 단계에서 다음 단계로 얼마만큼의 잠재 소비자가 전환되는지 모르니 최초 노출 단계를 키우는 것이 중요한 목표가 됐었죠. 그래서 예전에는, 그리고 지금도 많은 경우에, 노출 자체가 성과를 측정하는 가장 중요한 지표$_{KPI}$였습니다. 물론 노출량도 많고 전환율도 높다면 바랄 것이 없겠지만 단순히 노출만 키우는 것은 큰 도움이 되질 않습니다.

그렇다면 브랜디드 콘텐츠에 진짜 담아야 하는 내용은 무엇일까요?

브랜드의 핵심 가치에 대한 공감

재미나 정보를 담는 것보다 더 중요한 것은 '핵심 가치'를 잘 담아내는 것입니다. 그리고 그것을 타깃 소비자들과 공감할 수 있어야 하죠. 이 핵심 가치에 대해서는 이 책의 1장에서 이미 설명한 바 있습니다. 이제 고객은 제품이 아닌 콘셉트를 산다는 내용과 이런 콘셉트를 콘텐츠로 공감이 가도록 만들어야 한다는 내용을 꼭 기억하시기 바랍니다.

좋은 콘셉트는 하나의 밈$_{meme}$처럼 고객에게 전파됩니다. 고객들에게 영감을 불어 넣고 행동을 유발하는 동기가 되죠. 나이키의 스우시 로고나 'Just Do It'이라는 슬로건은 우리에게 새로운 도전에 대한 열정을 키워줍니다. 그래서 구글 피트니스나 삼성 헬스처럼 이미 핸드

폰에 탑재된 앱이 있음에도 운동할 때면 다운로드한 나이키 런 클럽 앱을 이용하는 사람들이 많죠. 이 앱을 이용함으로써 목표 의식이 더 강해지고 함께 뛰는 사람들과의 연대감이 강해지거든요. 작은 브랜드들도 마찬가지입니다. 오롤리데이의 슬로건인 'O, LD! makes your life happier'는 '당신의 삶을 더 행복하게 만드는 것'을 의미합니다. 오롤리데이는 뉴스레터를 통해 소소한 행복과 관련된 이야기를 공유합니다. 오롤리데이의 소비자들, 즉 '해피어'들은 뉴스레터를 함께 읽으면서, 또 오롤리데이의 제품들을 사용하면서 더 행복해지는 의식인 리추얼을 실천하는 거죠. 브랜디드 콘텐츠는 일반 콘텐츠가 아닙니다. 가치와 공감이 먼저이고 재미와 정보는 그 다음입니다.

브랜디드 콘텐츠 만들기

브랜디드 콘텐츠에 대해 이해했다면 이제 콘텐츠를 직접 만들어볼 차례입니다. 챗GPT를 통해 실제로 브랜디드 콘텐츠를 만드는 과정을 살펴보겠습니다.

 브랜디드 콘텐츠 제작을 하려고 해. 어떤 단계를 통해서 만들어야 하는지 설명해줘.

 브랜디드 콘텐츠는 브랜드의 메시지와 가치를 전달하면서 동시에 오락싱, 교육싱 또는 징보싱을 지니는 콘텐스입니다. 브랜디드 콘텐스를 세작하기 위한 주요 단계는 다음과 같습니다.

1. 목표 설정 : 브랜디드 콘텐츠의 주요 목표를 명확히 정의합니다. (예 : 브랜드 인지도 향상, 소비자와의 관계 구축, 제품 홍보 등)

2. 타깃 오디언스 정의 : 목표에 맞는 주요 대상 그룹을 정의합니다. 이들의 관심사, 취향, 문제점 등을 파악하여 콘텐츠가 맞춤화될 수 있도록 합니다.

3. 콘텐츠 형식 결정 : 비디오, 기사, 인포그래픽, 포드캐스트, 이벤트 등 다양한 형식 중 어떤 것이 브랜드와 타깃 오디언스에 가장 적합한지 결정합니다.

4. 스토리텔링 개발 : 브랜디드 콘텐츠는 강력한 스토리텔링을 통해 브랜드 메시지를 전달합니다. 중요한 것은 판매를 중심으로 한 메시지가 아니라, 대상 그룹의 관심을 끌 수 있는 스토리를 만드는 것입니다.

5. 제작 : 콘텐츠를 실제로 제작합니다. 이 단계에서는 전문가, 크리에이터, 제작팀 등과 협업하여 고품질의 콘텐츠를 만듭니다.

6. 배포 및 홍보 : 제작한 콘텐츠를 타깃 오디언스가 자주 방문하는 플랫폼에 배포합니다. 또한, 소셜 미디어, 이메일 마케팅, 파트너십 등 다양한 방법을 통해 콘텐츠의 가시성을 높입니다.

7. 성과 측정 및 평가 : 브랜디드 콘텐츠의 효과를 측정합니다. 이를 위해 페이지 뷰, 공유 횟수, 참여율, 컨버전(conversion) 등의 지표를 분석합니다. 이 데이터를 바탕으로 무엇이 잘 작동하고 무엇이 개선이 필요한지 판단하고 다음 전략을 계획합니다.

8. 반복 및 최적화: 브랜디드 콘텐츠 전략은 지속적으로 반복하고 최적화 해야 합니다. 초기에는 모든 것이 완벽하게 진행되지 않을 수 있지만, 지속적인 반복과 피드백을 통해 전략을 개선하고 브랜드 메시지를 더 효과적으로 전달할 수 있습니다.

이러한 단계를 통해 브랜디드 콘텐츠를 성공적으로 제작하고 배포할 수 있습니다.

챗GPT의 대답에서 핵심 내용을 요약해보면 다음과 같습니다. ① 브랜드가 전달할 핵심 메시지 설정하기 ② 명확한 타깃을 규정하기 ③ 콘텐츠 형식을 결정하기 ④ 상황과 채널에 따른 콘텐츠 제작하기입니다.

브랜디드 콘텐츠는 결국 브랜드 커뮤니케이션의 과정과 같다고 할 수 있는데요. 우리 브랜드의 가치(정체성)를 잠재 소비자에게 전달하는 목적이 있습니다. 따라서 브랜디드 콘텐츠가 일관되게 유지할 메시지의 내용(①)을 설정하고, 이 메시지의 수신자(②)를 명확히 해야 합니다. 이후에 콘텐츠의 형태(③, ④)를 정하면 되는 거죠.

자세한 내용은 직접 Toy Project를 진행하며 확인해보도록 하겠습니다. 박 대리는 토스트라는 핀테크 기업의 브랜디드 콘텐츠를 제작해야 하는데요. 박 대리가 V-Milk에서의 경험을 토대로 직접적인 제품 소개보다는 잠재 고객과의 공감대를 형성하기 위한 콘텐츠를 만드는 과정을 살펴볼 수 있습니다. 물론 AI를 활용해서 말이죠.

> **Toy Project** <

'토스트'의
브랜디드 콘텐츠 제작

막 V-Milk 프로젝트를 끝낸 박 대리에게 새로운 프로젝트가 다시 들어왔습니다. 이번 프로젝트는 토스트라는 핀테크 기업의 광고주에게 콘텐츠 마케팅을 제안하는 업무입니다. 박 대리는 지난 프로젝트를 통해 사내에서 가장 AI를 잘 활용한다는 이미지가 굳어져서 의견을 낼 새도 없이 맡게 됐죠. 토스트라는 브랜드는 송금 서비스로 시작해 지금은 인터넷 은행이나 증권사 등의 계열사까지 보유하고 있는데요. 광고주의 요청 사항은 잠재 고객들을 지속적으로 붙잡아 둘 수 있는 브랜디드 콘텐츠를 만들고 배포하는 것입니다. 핀테크에 브랜디드 콘텐츠까지… 꽤 어렵지만 일단 개념을 명확히 하기 위해 챗GPT의 힘을 빌려보기로 했습니다.

 핀테크 브랜드의 브랜디드 콘텐츠 전략을 수립하는 중이야. 이와 관련해서 중점을 둬야 할 사항은 어떤 것들이 있을까?

핀테크 브랜드의 브랜디드 콘텐츠 전략을 짜는 데 있어 중점을 둬야 할 사항들은 다음과 같습니다. 이는 마케팅 전문가와 실무자들에게 실질적인 도움이 되는 내용으로 구성되어 있습니다.

1. 타깃 오디언스 정의 : 핀테크 서비스는 대부분 특정 타깃 오디언스를 염두에 두고 개발됩니다. 이들의 필요와 관심사를 깊이 이해하고, 이를 바탕으로 맞춤형 콘텐츠를 제작해야 합니다.

2. 가치 제안 명확화 : 핀테크 브랜드가 제공하는 독특한 가치는 무엇인지 명확히 하고, 이를 콘텐츠를 통해 전달해야 합니다. 예를 들어, 사용자에게 시간과 비용을 절약해줄 수 있는 특정 기능이나 서비스를 강조할 수 있습니다.

3. 신뢰성 구축 : 금융 관련 서비스의 특성상 신뢰성은 매우 중요합니다. 사용자 리뷰, 케이스 스터디, 보안 인증 등을 콘텐츠에 포함시켜 신뢰성을 강화할 수 있습니다.

4. 교육적 콘텐츠 제공 : 핀테크 서비스는 때로 복잡하고 이해하기 어려울 수 있습니다. 사용자가 서비스를 쉽게 이해하고 활용할 수 있도록 교육적인 콘텐츠 (가이드, 튜토리얼, 웨비나 등)를 제공하는 것이 중요합니다.

5. 인터랙티브 콘텐츠 활용 : 사용자 참여를 높이고 브랜드와의 상호작용을 촉진하기 위해 인터랙티브 콘텐츠 (예: 퀴즈, 계산기, 인터랙티브 인포그래픽)를 활용하세요.

6. 최신 기술과 트렌드 반영 : 핀테크 산업은 빠르게 발전하고 있으며, 최신 기술과 트렌드 (예: 블록체인, 인공지능)를 콘텐츠에 반영하여 혁신적인 이미지를 강조할 수 있습니다.

7. 멀티채널 전략 : 타깃 오디언스가 활동하는 다양한 채널 (소셜 미디어, 블로그, 이메일 마케팅 등)에 콘텐츠를 배포하여 더 넓은 범위의 사용자와 소통하세요.

8. 성과 측정과 최적화: 콘텐츠의 성과를 지속적으로 측정하고 분석하여, 전략을 지속적으로 최적화하는 것이 중요합니다. 이를 위해 KPIs를 설정하고, 데이터 분석 도구를 활용하세요.

핀테크 브랜드의 브랜디드 콘텐츠 전략을 수립할 때 위 사항들을 고려한다면, 타깃 오디언스와의 강력한 연결고리를 만들고, 브랜드 인지도와 신뢰도를 높이는 데 큰 도움이 될 것입니다.

꽤 상세한 내용이 도출되었네요. 박 대리는 챗GPT가 제시해준 내용을 기본으로 하되, V-Milk 때와 마찬가지로 토스트의 금융 상품이나 기업에 대한 홍보보다는 타깃의 라이프 스타일을 반영하는 콘텐츠 제작에 초점을 맞추기로 했습니다.

명확한 타깃에 대한 규정: 토스트의 브랜디드 콘텐츠는 시장에 진입하는, 즉 금융 서비스를 자주 사용하게 될 10대 후반에서 20대 중반까지를 핵심 타깃으로 삼습니다. 이미 주거래 은행이나 카드가 있는 경우 공략이 쉽지 않으니까요. 하지만 30대 이상의 고객들도 실질적인 거래가 많은 고객이기에 이들도 함께 볼 수 있는 콘텐츠가 되도록 합니다.

핵심 가치 설정: 토스트는 '일상의 금융'을 콘셉트를 내세웁니다. 전세 대출을 받을 때만 도움을 주는 곳이 아니라 나의 작고 소중한 월급(또는 용돈)의 가치도 아는 곳이라는 느낌을 고객에게 보여줘야 합니다. 따라서 '돈'과 관련된 다양한 콘텐츠를 제공하는 것을 목표로 합니다.

공통된 관심사와의 연계: 콘텐츠를 통해 유사한 관심사를 가지고 있는 타깃을 추가로 확보해야 하므로 공통적으로 관심을 가지고 있는 부분들에

중점을 둡니다. 일상의 금융이라는 핵심 가치와 연계해 모임에서 1/n 정산을 할 때, 매달 월세를 송금할 때, 비트코인이 또 올랐다는 소식을 들었을 때 가장 먼저 떠올릴 수 있는 서비스를 지향합니다. 돈과 관련해서 '왜'라는 사소한 질문이 생겼을 때 토스트라면 관심을 갖고 다뤄주지 않을까 하는 친근한 느낌을 주는 거죠.

멀티 채널 전략: 기본적으로 매거진 형태의 텍스트 콘텐츠를 기본으로 하고, 이를 인스타그램, 유튜브 쇼츠 등으로 재가공해서 효율성을 높이기로 했습니다.

타깃에 대한 부분과 핵심 가치, 콘텐츠의 방향성 부분은 어느 정도 정리가 된 것 같네요. 이제 실제 브랜디드 콘텐츠를 설계할 차례입니다. 다만 챗GPT에게 글을 쓸 때 구체적이지 않고 뜬구름 잡는 글들을 제시하는 경우가 많아 정확한 명령을 내리기가 쉽지 않습니다. 하지만 이럴 때 활용할 수 있는 나름 좋은 팁이 있습니다. 참고할 수 있는 예시 콘텐츠를 입력하는 거죠. 미용실에 가서 연예인 사진을 보여주며 '이런 느낌으로 부탁해요'라고 말하는 것과 비슷합니다.

다른 브랜드에서 참고할 사례들을 먼저 찾아보려다가 요즘 새로 알게 된 가제트Gazet라는 서비스를 활용해 보기로 했습니다. 가제트는 블로그 콘텐츠를 만들어주는 AI라고 하더군요. 블로그나 카피라이팅을 생성하는데 특화된 서비스입니다. 제품 후기나 방문 후기 등 다양한 블로그 글 외에도 유튜브 요약이나 실시간 검색 등의 정보를 제공하고 있습니다. 주제는 박 대리도 요즘 자주 쓰고 있는 '앱테크'를 선택했습니다. '일상'이라는 부분과 '돈'이라는 부분에 적합한 소재 같거든요. 가제트의 홈페이지인 Gazet.ai에 접속해 바로 입력을 해보죠.

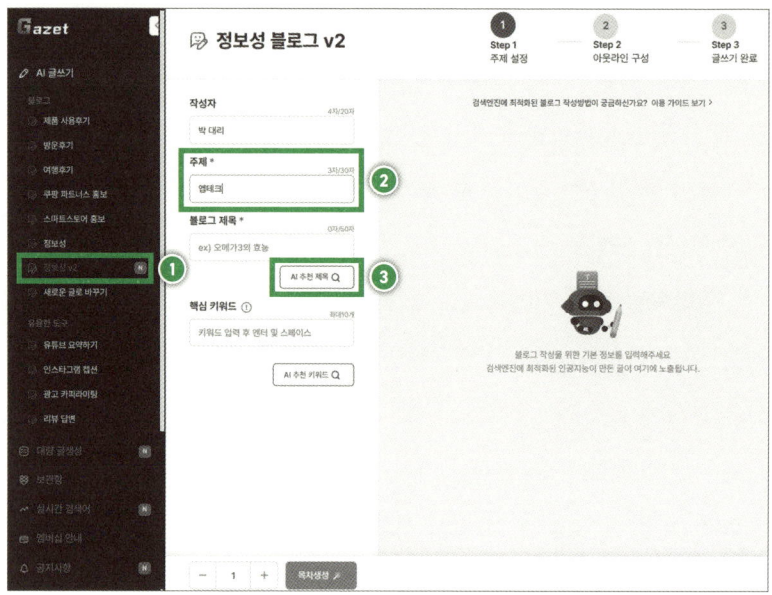

가제트 사이트에 방문해서 가입을 하고 나니 AI 글쓰기 메뉴 중 ① '정보성 v2'라는 메뉴가 보이네요. 원래 '정보성'이라는 메뉴가 있었지만 조금 더 고퀄리티의 정보성 블로그 생성을 원하는 사람들의 요청을 받아 만든 메뉴입니다. 이곳에서 ② '앱테크'라는 주제를 입력하고 블로그 제목의 ③ [AI 추천 제목]을 클릭하니 가제트는 3개의 주제를 추천해줍니다. 모든 것이 어렵겠지만 특히나 제목을 정하는 것은 쉽지 않습니다. 눈에 잘 들어와야 하면서 읽기 쉽고 어감도 좋아야 하는데 그 모든 요소를 충족하기가 쉽지 않습니다. 아무리 카피라이팅 능력이 뛰어난 사람이라도, 그리고 며칠을 고민해도 좋은 제목을 고르기 쉽지 않습니다. 가제트 같은 AI가 그 수고를 덜어주니 참 좋습니다.

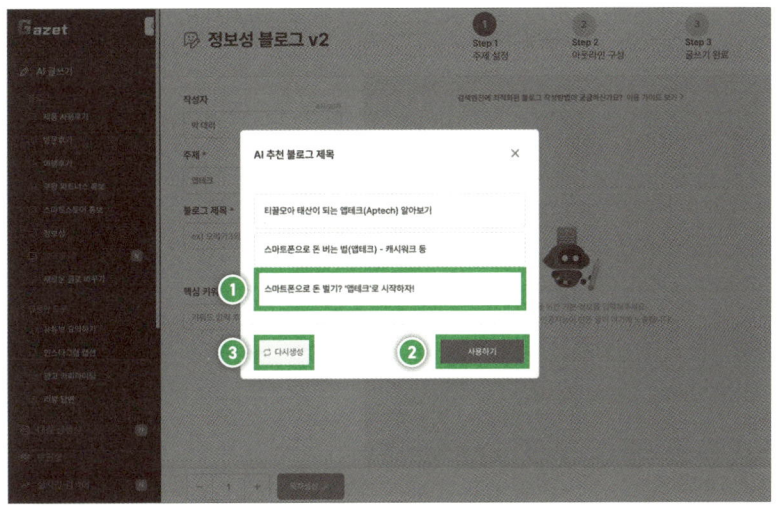

이 중 ① '스마트폰으로 돈 벌기? 앱테크로 시작하자!'를 선택하고 ② [사용하기]를 클릭했습니다. 마음에 들지 않으면 ③ [다시 생성]을 클릭하면 됩니다. 다음 단계는 핵심 키워드를 선택할 수 있는데 역시 AI가 추천을 해줍니다. 이 부분은 가제트만의 차별화된 기능인데 [AI 추천 키워드] 버튼을 클릭하면 '블로그 상위 노출을 위한 AI 추천 키워드'라는 제목의 창이 뜨고 다양한 키워드와 키워드마다 월 검색량과 경쟁율을 제공합니다. 이 정보를 통해 우리는 검색량이 많은 키워드가 무엇이고 그것들이 얼마나 자주 노출되는지 등을 빠르고 쉽게 파악할 수 있고 블로그 제목과 가장 잘 어울리는 태그를 설정할 때 도움을 받을 수 있습니다. 박 대리는 '돈버는앱', '앱테크 추천' 등 몇 개를 선택한 뒤 '목차 생성'을 클릭했습니다.

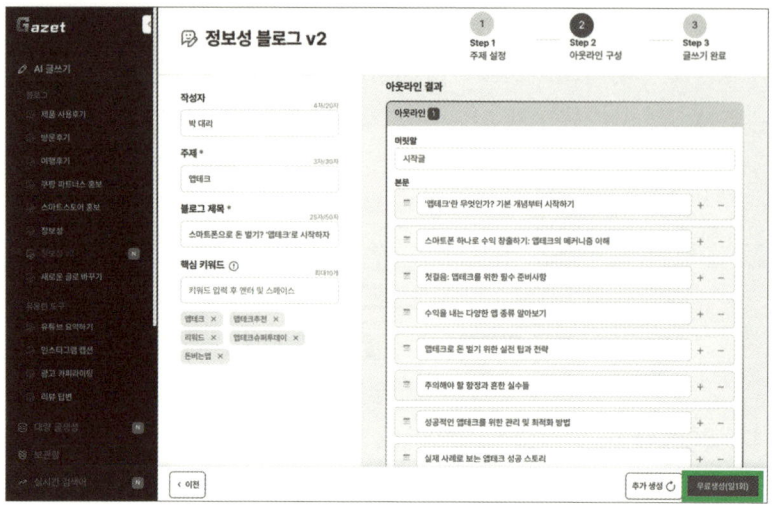

가제트는 먼저 아웃라인을 보여주고 최종 글쓰기를 제공합니다. 최종적으로 글을 생성하기 전에 내용들을 빼거나 더할 수 있고 순서를 변경할 수도 있습니다. 아쉬운 점은 무료로 쓸 수 있는 글은 하루 1번으로 제한된다는 점입니다. 하지만 챗GPT로 수정할 수 있으니 일단 그대로 생성을 해봤습니다.

[무료생성] 버튼을 클릭하니 1분 정도의 시간이 지난 후에 글이 생성됩니다. 시간이 다소 오래 걸린다는 단점이 있지만 정보성 블로그의 경우 앱테크와 관련해 생각할 수 있는 내용은 거의 다 담고 있는 것 같네요. 개념 설명부터 수익을 창출하는 법, 실제로 돈을 벌기 위한 실전 팁과 전략들을 제공함과 동시에 주의해야 할 점, 자주 일어나는 실수 등을 한눈에 알아볼 수 있게 정리했습니다. 막연히 알고 있던 정보를 깔끔하게 정리해준다는 점이 좋습니다.

가제트는 위의 화면과 같이 답을 내놓았습니다. 공백 포함 5500자라니, 굉장히 방대하고 상세합니다.

위의 화면 내용을 살펴보려면 QR 코드를 스캔하세요.

박 대리는 가제트가 작성한 내용을 챗GPT에 다시 입력했습니다. 내용을 가감하거나 수정 작업을 챗GPT에게 맡길 생각이거든요. 그리고 몇 가지를 수정해서 다시 요청했습니다.

 아래의 내용에 따라 이 콘텐츠를 다시 작성해줘.
1. 성공사례는 제외할 것.
2. 한글 3천 자 내외의 분량.
3. 친근한 느낌이 들도록 해요체 사용.

스마트폰으로 시작하는 재테크, 앱테크

경제적 도전 시기의 재테크 전략
경제 상황이 불안정하고 생활비 부담이 점점 늘어나는 요즘, 조금이라도 경제적 여유를 찾고자 하는 사람들이 많아요. 이러한 시기에 주목받는 것이 바로 '앱테크'예요. 스마트폰 하나로 시작할 수 있는 이 새로운 재테크 방식은, 시간과 장소에 구애받지 않고 소소한 수익을 얻을 수 있는 장점이 있어요.

앱테크의 이해 : 새로운 재테크의 가능성
앱테크란 애플리케이션(Application)과 재테크(Technique)의 합성어로, 스마트폰 앱을 통해 돈을 벌 수 있는 방법을 말해요. 앱 다운로드, 광고 시청, 설문 참여 등 다양한 활동을 통해 소액이나마 보상을 받는 거죠. 무료로 이용할 수 있어 금전적인 부담 없이 시작할 수 있으며, 일상생활 속 자투리 시간을 활용하여 수익을 창출할 수 있는 점에서 많은 사람들에게 인기를 끌고 있어요.

시작하기 : 앱테크의 첫걸음
앱테크를 시작하기 전에는 몇 가지 준비해야 할 사항들이 있어요. 우선, 성능이 충분한 스마트폰과 앱스토어 계정이 필수예요. 이를 통해 필요한 앱을 다운로드하고, 적립한 포인트를 관리할 수 있어요. 또한, 포인트 적립 및 교환 앱을 준비하여 수익을 쉽게 관리하고 활용할 수 있도록 해야 해요. 개인정보 보호에도 주의를 기울여야 하며, 신뢰할 수 있는 앱을 선택하는 것이 중요해요.

전략 및 팁: 앱테크로 수익 극대화하기

앱테크로 수익을 극대화하기 위해서는 다음과 같은 전략과 팁이 도움이 돼요.

* 목표 설정하기: 앱테크를 시작하기 전, 구체적인 목표를 설정해요. 예를 들어, 일주일에 얼마나 벌 것인지, 어떤 종류의 앱을 주로 사용할 것인지 명확히 하세요.
* 다양한 앱 활용하기: 하나의 앱에만 의존하기보다는 다양한 앱을 활용하는 것이 좋아요. 각각의 앱마다 제공하는 보상과 방식이 다르기 때문에, 다양한 앱을 통해 수익을 최대화할 수 있어요.
* 꾸준한 이용: 앱테크는 단기간에 큰 수익을 기대하기 어려워요. 꾸준히, 지속적으로 앱을 이용하는 것이 중요해요.
* 친구 초대 및 이벤트 참여: 친구를 초대하거나 앱 내 이벤트에 참여해 추가 포인트를 적립할 수 있어요. 이러한 기회를 적극 활용해보세요.
* 현금화 전략: 적립한 포인트를 현금으로 전환하거나, 상품권 등으로 교환하는 전략을 세워요. 포인트의 가치를 최대한 활용할 수 있는 방법을 찾아보세요.

주의사항: 앱테크를 안전하게 진행하기

앱테크 활동 시 주의해야 할 사항들은 다음과 같아요.

* 노력 대비 수익성: 앱테크로 얻는 수익은 대체로 소액이에요. 노력과 시간을 고려하여 활동을 선택해야 해요.
* 개인정보 보호: 개인정보를 요구하는 앱 사용 시 주의가 필요해요. 신뢰할 수 있는 앱인지, 개인정보 보호 정책이 있는지 확인하세요.
* 과도한 시간 투자 주의: 앱테크에 너무 많은 시간을 할애하여 일상 생활에 지장이 가지 않도록 주의해야 해요.

> **결론 : 앱테크, 일상 속 작은 시작**
>
> 앱테크는 큰 노력 없이도 시작할 수 있는 접근성 높은 재테크 방법이에요. 일상 속 작은 습관으로 시작하여 꾸준히 이어간다면, 소소하지만 확실한 수익을 얻을 수 있어요. 이 글을 통해 앱테크의 세계에 첫발을 디뎌 보시는 것은 어떨까요? 작은 시작이 큰 변화를 가져올 수 있어요.

챗GPT가 만들어준 결과를 보니 콘텐츠가 다소 나열식으로 되어 있다는 느낌이 듭니다. 하지만 우리가 만들고 싶은 콘텐츠에 대해 꽤 다양한 관점에서 다루고 있어서 초안으로서는 훌륭하다고 할 수 있겠네요. 최종 발행되는 콘텐츠는 확정된 콘텐츠 전략에 맞춰서 에디터가 직접 수정을 해야 할 것 같습니다.

챗GPT를 활용한다면 위와 같이 개별적인 콘텐츠 뿐 아니라, 향후 발행할 콘텐츠 주제에 대한 아이디어를 요청할 수도 있고, 발행 주기에 따라 콘텐츠 캘린더를 작성해 달라고 요청할 수도 있습니다. 또 인스타그램이나 유튜브 등 각 채널에 맞게 콘텐츠를 가공하도록 지시할 수도 있죠.

단, 최근 AI로 대량 생산된 콘텐츠의 경우 네이버나 구글 검색에서 노출이 되지 않을 수도 있으니 주의할 필요가 있습니다.

네이버의 최근 AI 콘텐츠에 대한 검색 노출 정책을 알고 싶다면 QR 코드를 스캔하세요.

AI 카피라이터가 되다

> 간단하게 하라, 기억에 남도록 하라, 보고 싶게 만들어라.
> ― 레오 버넷(광고대행사 레오 버넷의 창업자)

여러분은 '카피' 하면 떠오르는 광고나 제품이 있으신가요? 저는 2008년에 시작된 대한항공의 캠페인이 가장 기억에 남습니다. "미국 어디까지 가봤니?"라는 카피를 내세운 이 광고는 15년이 지난 지금도 기억하는 사람이 많습니다. 당시만 해도 항공사의 광고는 취항 정보를 전달하는 데 중점을 두고 있었고, 아시아나항공은 대한항공과의 차별화를 위해 주로 새로운 비행기로 안전하게 모신다는 점을 부각하는 광고를 하고 있었죠.

그런데 대한항공은 뜬금없이 미국의 각 주를 여행하는 광고를 시작했습니다. 흔히 말하는 핵심 세일즈 포인트에 대한 정보는 거의 없었죠. 지금과 달리 당시 미국은 인기 있는 여행지는 아니었습니다. 사람들이 미국을 방문하는 목적은 주로 출장이나 유학이었죠. 하지만 이 광고로 인해 미국은 여행지로도 각광을 받기 시작합니다. 소비자에게 여행하고 싶다는 욕구를 불러일으키는 이 광고 덕분에 대한항공을 타고 떠나는 사람들이 많았습니다. 저도 이 광고 덕분에 하와이, 뉴욕, 라스베이거스, 시카고 등 한동안 미국 여행만 다녔을 정도였으니까요. 물론 항상 대한항공을 이용했죠.

카피의 힘은 이렇게 대단해서 위대한 브랜드들은 깊은 인상을 주는 카피 하나씩은 가지고 있습니다. 나이키의 'Just Do It'이나 애플의 'Think Different' 같이 브랜드가 추구하는 바를 드러내는 카피가 있고, 에어비앤비의 '여행은 살아 보는 거야', 넷플릭스의 '요즘 넷플 뭐봄?'처럼 취향과 관련된 이야기를 하는 카피도 있습니다.

하지만 이런 카피를 아무나 쓸 수 있는 것은 아닙니다. 광고대행사에는 '카피라이터' 즉 카피를 전문적으로 쓰는 담당자가 있을 정도니까요. 현장에서 일한 경험이 아무리 많아도 전문적인 훈련을 받은 사람의 결과물을 따라가기란 쉽지 않습니다. 그런데 어느 날 갑자기 팀장님이 나에게 카피 하나 써보라고 지시를 한다면 어떻게 해야 할까요? 하지만 너무 걱정하지 않으셔도 됩니다. 아마도 팀장님이 이야기한 카피는 '세일즈 카피'일 가능성이 높으니까요.

그렇다면 '세일즈 카피'는 뭐죠?

먼저 AI에게 세일즈 카피가 무엇인지 한번 물어보도록 하죠. 이번 장에서는 한국어에 능하고 스마트스토어 등 국내의 커머스 환경과 관련된 정보가 더 많은 네이버 클로바 X를 함께 활용하도록 하겠습니다.

세일즈 카피의 정의에 대해 알려줘.

세일즈 카피 (Sales copy)는 상품이나 서비스를 판매하기 위해 사용되는 문구 또는 글을 말합니다. 세일즈 카피는 소비자의 관심을 끌고, 제품의 장점을 강조하며, 구매를 유도하는 역할을 합니다. 따라서 세일즈 카피는 소비자의 니즈 (Needs)와 원츠 (Wants)를 파악하고, 제품의 특징과 장점을 효과적으로 전달할 수 있어야 합니다. 이를 위해 다양한 수사법과 스토리텔링 기법 등이 활용될 수 있습니다.

위에 언급한 나이키나 애플 등의 카피들은 대체로 TV 광고나 대규모 캠페인에 등장합니다. 이런 카피들은 보통 소비자의 마음을 울리고 기억에 남도록 만드는 것이 목적이죠. 이러한 수치는 구체적으로 나타나지 않습니다. 하지만 지금의 광고환경은 꽤 다릅니다. 어떤 광고가 몇 번 노출되었는지 그리고 몇 번의 클릭을 유도하고 몇 번 구매로 전환됐는지도 바로 알 수 있죠.

그래서 요즘 카피는 현장성이 있어야 합니다. 고객이 언제 어디에서 이 카피를 보는지를 생각해야 하죠. 마케팅을 하는 우리가, 마트 점원이나 홈쇼핑의 쇼호스트들이 '지금부터 딱 열 분에게만 할인해드린다'거나 '매진 임박'을 외치는 심정으로 쓰는 것이 세일즈 카피입니다. 즉 세일즈 카피는 소비자를 구매로 유도하거나 특정 행동을 취하게 하는 것이 핵심입니다. 단순히 정보만 전달하는 것이 아니라, 소비자의 결정을 직접적으로 영향을 주는 것이라고 할 수 있습니다. 그럼 세일즈 카피의 예시도 함께 알아보도록 하죠.

세일즈 카피의 예시를 몇 가지 알려줘.

네, 세일즈 카피의 예시를 몇 가지 들어보겠습니다.
"이번 시즌 가장 핫한 아이템, 지금 바로 만나보세요!"
"당신의 스타일을 완성해줄 완벽한 아이템, 놓치지 마세요."
"최고의 품질과 성능을 자랑하는 제품, 이제 당신의 일상이 달라집니다."
"지금 구매하시면 특별한 혜택과 함께 만나보실 수 있습니다."
"고민은 배송만 늦출 뿐, 지금 바로 구매하고 새로운 경험을 시작해보세요."
위와 같은 세일즈 카피는 소비자의 관심을 끌고, 제품의 장점을 강조하며, 구매를 유도하는 역할을 합니다.

핸드폰이나 화장품 등을 파는 로드숍 매장에 붙어 있는 '사장님이 미쳤어요'나 '○○○ 두 마리 치킨', 또 SNS에서 클릭을 유도하기 위해 많이 쓰이는 '○○하는 7가지 방법' 같은 것들도 모두 세일즈 카피에 해당합니다. 온라인에 국한하면 이런 세일즈 카피는 주로 아래와 같은 용도로 쓰인다고 할 수 있습니다.

우선 온라인 광고가 있습니다. 뉴스 채널이나 SNS 플랫폼 등에서 볼 수 있는 "지금 가입하고 10% 쿠폰 받기!"와 같은 메시지가 그것입니다. 또 구독자나 기존 고객을 대상으로 제품이나 서비스의 소식, 프로모션, 할인 정보를 전달하는 이메일 마케팅이나 온라인 쇼핑몰이나 웹사이트의 제품 상세 페이지에도 세일즈 카피가 사용됩니다. 마지막으로 소셜 미디어가 있습니다. 인스타그램이나 블로그 등의 플랫폼에서 팔로어에게 제품이나 서비스를 소개하거나 특정 이벤트, 프로모션을 알릴 때 사용됩니다.

세일즈 카피를 만들기 전에 생각할 것들

AI에게 세일즈 카피를 요청하기 전에 먼저 생각해야 하는 것은 우리가 알리고 싶은 핵심적인 내용과 우리의 핵심 소비자를 제대로 파악해야 한다는 점입니다. 이 두 가지를 찾은 다음 일반적으로 카피는 다음의 3단계를 거쳐 만들어집니다. ① 고객의 숨겨진 욕망 찾기 ② 효과적인 세일즈 포인트 생각하기 ③ 우리의 제안을 매력적으로 전달하기입니다. 이럴 때도 우린 AI를 활용할 수 있습니다. 챗GPT에게 우리가 핵심 세일즈 포인트를 파악하기 위해서는 우리 스스로에게 어떤 질문을 해야 할지에 대해 물어볼 수 있습니다.

 카피를 쓰기 위해 우리 제품의 핵심 세일즈 포인트를 파악해야 해. 세일즈 포인트를 찾기 위해 우리 스스로에게 어떤 질문을 하면 좋을까?

 제품의 핵심 세일즈 포인트를 파악하기 위해 스스로에게 던질 수 있는 질문들은 제품이 시장에서 차지하는 위치, 타깃 고객의 니즈, 경쟁 제품 대비 우위 요소 등 다양한 관점을 고려해야 합니다. 아래는 제품의 핵심 세일즈 포인트를 찾기 위해 스스로에게 할 수 있는 몇 가지 질문입니다.
1. 우리 제품/서비스의 가장 독특한 특징은 무엇인가?
제품이나 서비스가 경쟁 제품과 구별되는 주요 특성이나 기능을 파악합니다.

1. 우리 제품/서비스의 가장 독특한 특징은 무엇인가?

제품이나 서비스가 경쟁 제품과 구별되는 주요 특성이나 기능을 파악합니다.

2. 우리 제품/서비스가 해결하는 주요 문제는 무엇인가?

타깃 고객이 직면한 문제나 고통 포인트를 이해하고, 제품이 그 해결책을 어떻게 제공하는지 고려합니다.

3. 고객이 우리 제품/서비스를 선택해야 하는 이유는 무엇인가?

고객에게 제공하는 가치와 이득을 명확히 합니다.

4. 경쟁 제품과 비교했을 때 우리의 우위는 무엇인가?

경쟁 분석을 통해 자신의 제품이 더 우수한 점이나 차별화된 요소를 찾습니다.

5. 고객 피드백에서 드러난 우리 제품/서비스의 강점은 무엇인가?

실제 사용자의 경험과 피드백을 바탕으로 제품의 강점을 파악합니다.

6. 우리 제품/서비스가 속한 시장에서의 최신 트렌드는 무엇이며, 우리는 이에 어떻게 부응하고 있는가?

시장 트렌드를 이해하고 제품이 이를 어떻게 반영하고 있는지 평가합니다.

7. 우리 제품/서비스를 사용한 고객의 삶이나 업무가 어떻게 달라졌는가?

제품 사용 전후의 고객 경험 변화를 통해 실질적인 가치를 확인합니다.

이러한 질문들을 통해 제품의 핵심 세일즈 포인트를 깊이 있게 파악하고, 이를 바탕으로 더 효과적인 마케팅 메시지를 작성할 수 있습니다. 제품의 가치를 명확히 전달하고, 고객의 관심을 끌며, 결국에는 구매 결정에 긍정적인 영향을 미칠 수 있는 카피를 작성하는 것이 목표입니다.

우리가 세일즈 포인트를 이야기할 때 항상 등장하는 단어가 Unique입니다. 흔히 USP_{Unique Selling Proposition}라는 말로 표현하게 되죠. 위의 질문을 통해 우리 회사, 또는 이 제품만이 줄 수 있는 차별화된 가치가 무엇인가를 따져 봐야 합니다. 함께 논의할 동료나 사수가 없다면 AI와 함께 토론해보시기 바랍니다. 아울러 우리 고객들은 어떤 니즈를 갖고 있고 최종적인 편익_{benefit}을 얻기를 원하는지에 대한 질문을 해볼 수도 있습니다. 이 과정은 단순히 세일즈 카피뿐 아니라 향후 제품의 콘셉트를 정하는 데 도움이 될 수도 있습니다.

> **Toy Project** <

AI로 천연 화장품
세일즈 카피 만들기

김 과장은 현재 온라인 쇼핑몰 회사에서 일하고 있습니다. 회사나 업무에 불만은 없지만 언젠가 내 사업을 해보고 싶다는 생각은 항상 가지고 있었죠. 그런데 최근 그 생각이 더 강해졌습니다. 평소 김 과장은 피부 트러블이 많은 것이 고민이었습니다. 한번은 여행 중에 호텔에 있는 화장품을 무심코 썼다가 여행을 완전히 망쳐버렸을 만큼 크게 고생한 적도 있었죠. 좋다는 화장품은 다 써봤지만 소용이 없어서 몇 년 전부터는 직접 화장품을 만들어서 쓰고 있습니다.

그런데 김 과장의 피부가 점점 좋아지는 걸 보고 친구들이 관심을 보였습니다. 가까운 친구들에게 조금씩 나눠주던 것이 나름 입소문이 나서 원하는 사람이 많아졌고 이참에 아예 사업을 해보고 싶은 생각이 든 거죠. 물론 사업을 하려면 할 일이 엄청 많겠지만 AI가 있으니 못할 것도 없을 것 같았습니다.

추진력이 강한 김 과장은 바로 챗GPT에 트러블이 없는 천연 화장품의 브랜드 이름을 요청했습니다. 챗GPT가 제시한 여러 후보 중에서 퓨어퍼펙션PURE PERFECTION이라는 이름이 가장 마음에 들었습니다. 내친김에 퓨어퍼펙션 제품이 포함된 콘셉트 이미지도 요청했는데 생각지도 않았던 로고 제작까지 달리가 한 번에 해줬네요.

위의 이미지는 천연 화장품이라는 콘셉트로 용기와 로고를 제작한 결과물입니다. 실제 로고나 용기 등을 디자인할 때까지 대략적인 목업mock-up으로 활용할 수 있을 것 같네요. 지금 당장 판매까지는 어렵겠지만 꾸준히 제품을 구매해준 지인들에게 사업계획을 공유해서 투자를 받거나 와디즈나 텀블벅에서 펀딩을 추진해보는 것도 괜찮겠다 싶은 생각이 들었거든요.

이름도 결정했으니 이제 세일즈 카피도 작성해보겠습니다. 카피 작성을 도와주는 AI는 많이 나와 있습니다. 김 과장은 일단 한국어에 익숙할 것 같은 국내 서비스를 써보고 나중에 챗GPT나 클로드Claude 같은 서비스도 함께 써보기로 했습니다.

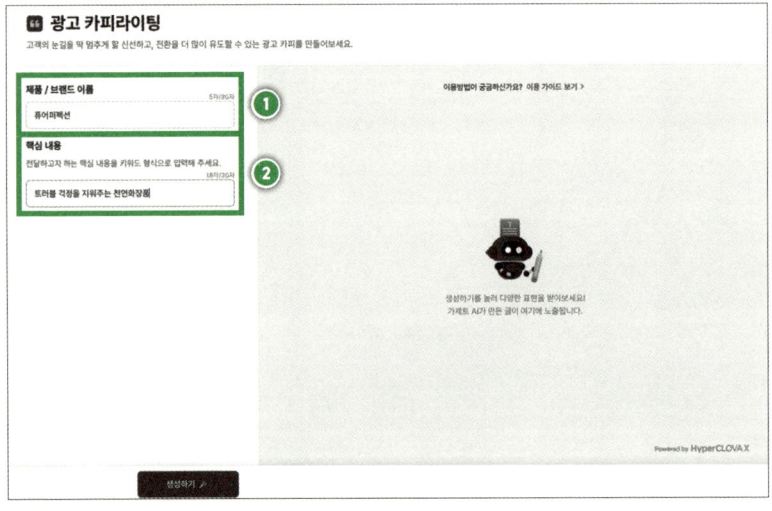

가제트의 메뉴 중 광고 카피라이팅을 선택하고, 위의 그림과 같이 ① '제품 / 브랜드이름'과 ② '핵심 내용' 영역에 필요한 내용을 입력합니다. 김 과장은 각각 '퓨어퍼펙션'과 '트러블 걱정을 지워주는 천연 화장품'이라고 입력했습니다.

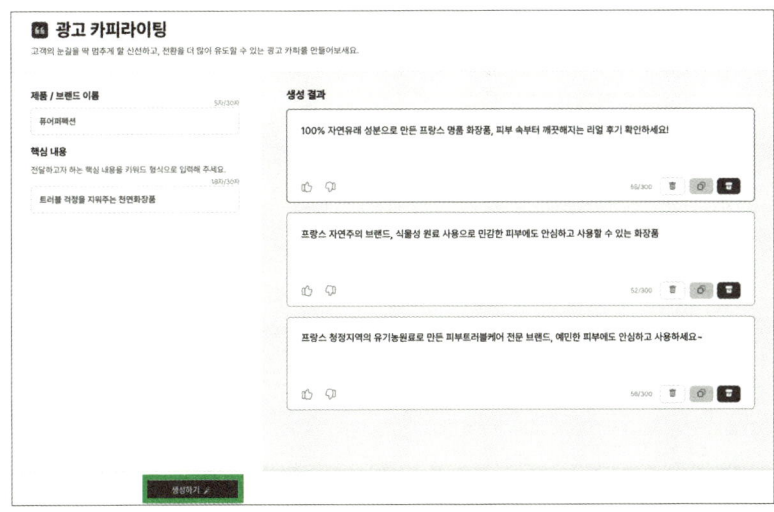

광고 카피라이팅은 아래의 [생성하기] 버튼을 클릭할 때마다 새로운 카피를 생성해줍니다. 다만 브랜드 때문인지 '프랑스 명품 화장품'이라는 문구가 계속 들어가는군요. 가제트에서 만들어준 카피는 다소 평이한 느낌이 있습니다.

비교를 위해 챗GPT에도 똑같이 요청해보았습니다. 챗GPT에 질문을 할 때는 역할을 명확히 해주면 더 좋은 결과가 나타나니 챗GPT에게 구체적으로 광고회사의 카피라이터라는 역할을 지정해줬습니다.

 카피라이터 입장에서 세일즈 카피를 작성해줘.
제품/브랜드 이름 : 퓨어퍼펙션
핵심 내용 : 트러블 걱정을 지워주는 천연 화장품
톤앤 매너 : 과장

"퓨어퍼펙션"의 세일즈 카피를 과장된 톤과 매너로 작성해보겠습니다. 이러한 카피는 제품의 매력을 극대화하고, 고객의 구매욕을 자극하는 데 중점을 둡니다.

"이제, 트러블은 옛날 이야기! '퓨어퍼펙션'과 함께라면, 당신의 피부도 완벽한 이야기의 주인공이 됩니다."

"매일 아침 거울 앞에서의 놀라움을 준비하세요. '퓨어퍼펙션'이 당신의 피부를 가장 순수한 상태로 되돌려드립니다."

"당신의 피부도 숨 쉬고 싶어 합니다. '퓨어퍼펙션'으로 모든 트러블과 안녕하고, 건강한 피부의 자유를 누리세요."

"천연 화장품의 혁명, '퓨어퍼펙션'. 이제 당신의 피부도 이 혁명의 일부가 될 준비가 되었습니다."

"트러블로부터의 해방, 단 하나의 선택 '퓨어퍼펙션'. 당신의 피부를 위한 최고의 선물입니다."

이러한 카피는 제품의 천연성과 트러블 해결력을 강조하며, 고객에게 긍정적이고 강렬한 메시지를 전달합니다. 고객이 제품에 대해 갖게 될 긍정적인 기대감과 흥미를 유발하는 데 도움이 될 것입니다.

이 대답은 설명적인 느낌이 다소 강한 것 같습니다. 이럴 때는 소비자들이 어떤 반응을 기대할지를 구체화해서 요청하면 좀 더 개선된 결과를 얻을 수 있는데요. 김 과장은 최근에 이슈가 된 클로드3은 같은 요청을 하면 어떻게 만들어줄 것인지도 문득 궁금해졌습니다. IQ가 100을 넘었다거나 언어 능력 만큼은 이미 챗GPT나 구글의 제미나이를 넘어섰다는 평가도 나오고 있으니까요. 바로 홈페이지에 접속해서 같은 요청을 해봤죠.

AI 안녕하세요. 제시해주신 내용을 바탕으로 퓨어퍼펙션 천연화장품의 세일즈 카피를 작성해드렸습니다.

1. 트러블 없는 완벽한 피부, 퓨어퍼펙션과 함께 당신의 피부고민을 자연스럽게 케어해줄 퓨어퍼펙션 천연화장품. 안심하고 사용할 수 있는 성분으로 구성되어 있어 민감한 피부도 부담없이 사용할 수 있습니다. 퓨어퍼펙션으로 투명하고 건강한 피부를 가꿔보세요.

2. 자연이 안겨준 선물, 퓨어퍼펙션 천연 유래 성분으로 만들어진 퓨어퍼펙션은 피부 트러블을 근본적으로 다스립니다. 합성 첨가물 없이 자연 그대로의 순수한 식물성분으로 피부를 케어해주는 퓨어퍼펙션과 함께하세요.

3. 피부에게 쉼표를, 퓨어퍼펙션 피부에 쌓인 스트레스를 말끔히 지워주는 퓨어퍼펙션. 식물성 천연 유래 성분으로 만들어진 퓨어퍼펙션은 피부 트러블 걱정 없이 건강한 피부로 케어해드립니다. 퓨어한 순수 피부를 위한 퓨어퍼펙션과 함께하세요.

이상으로 퓨어퍼펙션 천연화장품의 세일즈 카피를 세 가지 작성해보았습니다. 더 필요한 부분이 있다면 언제든 말씀해주세요.

카피에 정답은 없지만 김 과장은 클로드3의 카피가 가장 마음에 들더군요. 챗GPT가 제시한 '당신의 피부도 숨 쉬고 싶어 합니다' 같은 문장보다는 '피부에 쉼표를'처럼 짧게 끊어서 제시하는 것이 임팩트가 있어 보입니다. 하지만 결국 우리가 우리 브랜드와 소비자에 대해 얼마나 잘 이해하고 있느냐가 최종적인 카피의 수준을 결정합니다. 각 AI도 우리 브랜드의 세일즈 포인트를 제대로 전달한다면 한층 업그레이드된 카피를 내놓을 것 같습니다. 세일즈 카피란 결국 우리가 제품을 팔기 위한 핵심적인 콘셉트를 표현한 문장이니까요. 여기서 '판다'라고 표현했지만 이것을 정확히 말하면 고객이 왜 사고 싶어 할까에 대한 통찰에서 시작합니다. 이런 관점에서 최종 판단을 한다면 좋은 세일즈 카피를 선택할 수 있을 겁니다.

뉴스레터로 커뮤니티 형성하기

> 1000명의 찐팬true fan만 있으면 먹고사는 데 지장이 없다
>
> — 케빈 켈리 (미래학자)

요즘 많은 브랜드들이 뉴스레터를 발송하며 고객과 소통합니다. 아마 이 책을 읽고 계신 분들도 뉴스레터 몇 개쯤은 구독하고 계시지 않을까 싶습니다. 최근에는 뉴스레터가 비즈니스 모델이 된 회사들도 나타나는 등 수요와 공급이 동시에 늘고 있는 것으로 보입니다. 뉴스레터가 유행하기 전에 이메일이 중요한 네트워킹의 수단이었던 때가 있습니다. 온라인에서 정보를 얻을 곳도 많지 않고 나에게 필요한 정보가 어디 있는지 찾기 어려웠을 때는 인적 네트워크에 의존할 수밖에 없었으니까요. 같은 직종이나 관심사를 가진 사람들과 가입한 사람이 모두 같은 메시지를 받게 되는 형태인 뉴스그룹을 만들어 소식을 공유하는 것이 가장 효과적인 정보 습득의 방법이었습니다.

하지만 점차 이메일은 업무 용도로만 사용하게 됐죠. 이제 정보를 얻으려면 검색 사이트에서 궁금한 것을 입력하거나 각종 SNS를 구독하고 네트워킹을 하려면 메신저를 사용하고 있습니다. 그렇다면 최근 뉴스레터가 다시 관심의 대상이 된 이유는 무엇일까요? 가장 큰 이유는 취향은 다변화됐지만 정보가 너무 많아졌다는 점입니다. 검색을 해도 나에게 필요한 정보를 찾기는 어렵게 됐습니다.

그래서 우리는 다수를 대상으로 콘텐츠를 제공하는 대중매체 대신, 특정 취향을 가진 사람들을 위한 채널(또는 크리에이터)을 구독하게 됩니다. 뉴스레터 역시 이런 흐름에 맞춰서 다시 관심을 끌게 된 것이라고 할 수 있습니다.

성공 사례들로 본 요즘 뉴스레터

트렌드에 민감한 브랜드들 역시 이런 흐름을 놓칠 리가 없습니다. 기존에는 형식적으로 소식지 등을 발행하던 브랜드들도 이제 전담 에디터를 두고 정기적인 뉴스레터를 발행하고 있죠. 그중 가장 대표적인 사례는 오롤리데이가 발행하는 해피어레터라고 할 수 있겠네요.

(1) 해피어레터 Happier Letter

브랜드 뉴스레터하면 가장 먼저 떠오르는 것은 오롤리데이의 해피어레터입니다. 무엇보다 놀라운 점은 해피어레터의 오픈율이 무려 70%에 달한다는 점입니다. 해피어레터를 발송하는 스티비의 분석 내용인데요. 일반적인 뉴스레터의 오픈율은 15~20%에 불과합니다. 해피어레터의 핵심적인 콘텐츠는 오롤리데이 직원들의 소소한 일상 모습과 구독자인 해피어들의 소확행 사연입니다. 뉴스레터는 브랜드와 소비자들이 작은 행복에 대해 이야기를 나누는 참여와 소통의 공간인 셈입니다.

구독자의 사연이 실린 해피어레터. 해피어레터는 행복을 중심으로 공감을 형성합니다. 그리고 이런 공감이 곧 브랜딩이 됩니다.

해피어레터의 핵심 가치는 결국 일관된 콘셉트라고 할 수 있습니다. '소소한 행복'에 대해 이야기하고 있죠. 오롤리데이의 박신후 대표는 오롤리데이가 어떤 메시지를 전해야 하는가에 대해 다음과 같이 말하고 있습니다.

당신의 삶이 이미 행복하다는 것을 알려주고, 우리는 그 행복한 삶을 더 행복하게 만들어 주겠노라고 약속하고 싶었다. 평상시 자주 사용하는 제품이 조금 더 아름다워진다면, 그리고 '당신의 삶이 이미 행복하다고' 그 제품을 통해 자꾸 외쳐 준다면 조금 더 행복해지지 않을까?

—《행복을 파는 브랜드, 오롤리데이》, 박신후

오롤리데이는 자이언티의 〈양화대교〉에서 반복되는 '행복하자, 행복하자'라는 가사처럼 뉴스레터를 통해, 그리고 오프라인 매장이나 제품을 통해 일관되게 행복을 이야기합니다. 이러한 사례를 보면 뉴스레터는 회사나 제품의 소식 등 단순히 정보를 전달하는 도구를 넘어 고객과 브랜드 간의 공통적인 관심사를 중심으로 소통하는 채널로 변화했음을 알 수 있습니다. 그리고 공감을 확보하기 위해 중요한 역할을 하는 것이 콘텐츠라는 것도 눈여겨볼 만한 요소입니다.

뉴스레터가 아니라도 토스처럼 최근 콘텐츠 채널을 운영하고 있는 브랜드들을 보면 마찬가지로 구독자들과 교집합이 되는 주제를 선택해 외연을 확장하고 있습니다. 예전이나 지금이나 뉴스레터는 주로 콘텐츠로 구성되어 있습니다. 하지만 예전 뉴스레터가 주로 홍보와 구매 전환을 위한 콘텐츠가 중심이었다면 요즘 뉴스레터는 구독자와의 관계 형성을 위한 콘텐츠가 중심이라는 점이 주요한 차이입니다.

일반적으로 브랜드의 가치가 전달되는 과정은 다음과 같습니다. 먼저 브랜드의 콘셉트concept는 콘텐츠contents로 변환되고 그렇게 만든 콘텐츠가 고객에게 제대로 전달되면 브랜드와 고객간의 공통적인 관심사를 토대로 한 커뮤니티community가 형성되면서 궁극적인 매출commerce로 연결될 수 있습니다. 결국 뉴스레터는 이 가치 흐름을 얼마나 자연스럽게 이어지는가에 있습니다. 그 대상을 하나씩 살펴보도록 하겠습니다.

어떤 이야기를 할 것인가?(Concept → Contents) : 해피어레터처럼 요즘 성공한 뉴스레터들을 살펴봤지만 막상 우리 브랜드의 뉴스레터를 기획한다고 하면 알리고 싶은 내용이 위주인 전통적인 형태의 뉴스레터 외의 기존에 없었던 완전히 새로운 형태의 뉴스레터를 떠올리기란 쉽지 않습니다. 게다가 지속적으로 그 소재를 확보해서 레터를 발송하는 것은 더욱 만만치 않은 일이죠. 블로그나 브런치를 운영해보셨다면 정기적으로 매주 한 번 콘텐츠를 올리는 것이 결코 쉽지 않은 일이란 걸 잘 아실 것입니다.

뉴스레터를 기획하면서 가장 힘든 것은 아무래도 어떤 내용으로 뉴스레터를 발행할 것인가에 대한 고민일 것으로 보입니다. 이 부분을 챗GPT에게 물어보겠습니다.

 브랜드 뉴스레터를 기획하고 있어. 이 뉴스레터의 소재를 어떻게 정하면 좋을지 알려줘.

 뉴스레터를 기획할 때 중요한 것은 타깃 오디언스와 그들의 관심사를 잘 파악하는 것입니다. 브랜드 뉴스레터의 소재를 정하는 방법을 지금부터 간략히 설명하겠습니다.

1. 타깃 오디언스 분석 : 누구를 대상으로 뉴스레터를 보낼 것인지 확실히 정하십시오. 그리고 그들의 관심사, 문제점, 필요성 등을 분석하여 이를 기반으로 소재를 정하십시오.
2. 브랜드 메시지와 일관성 : 브랜드의 핵심 메시지나 가치를 잘 전달할 수 있는 소재를 선택하십시오. 브랜드 이미지와 일관된 내용을 기획하십시오.
3. 시장 분석 : 시장의 트렌드, 경쟁사의 활동, 소비자의 반응 등을 분석하여 핫한 이슈를 찾아보십시오.
4. 유용한 콘텐츠 제공 : 구독자에게 유용한 정보나 지식, 팁 등을 제공할 수 있는 소재를 생각해보십시오. 교육적인 내용도 포함하여 구독자들이 뉴스레터를 통해 배울 수 있는 기회를 제공하십시오.
5. 이벤트나 프로모션 : 새로운 제품 출시, 이벤트, 할인 프로모션 등의 정보를 제공하십시오. 구독자들에게 독점적인 혜택을 제공하여 그들의 관심을 끌 수 있도록 하십시오.
6. 이야기 형식 활용 : 브랜드나 제품의 이야기, 성공 사례, 고객 리뷰 등을 이용하여 이야기 형식으로 소재를 만들어보십시오.
7. 시각적 요소 활용 : 텍스트만이 아니라 이미지, 인포그래픽, 비디오 등 다양한 시각적 요소를 활용하여 뉴스레터를 더 흥미롭게 만드십시오.
8. 피드백 수집 : 구독자들로부터 피드백을 수집하여 무엇이 잘되고 있는지, 무엇을 개선해야 하는지 파악하십시오.

소재를 정한 후에는 주기적으로 뉴스레터를 업데이트하여 구독자들에게 새로운 정보와 유용한 콘텐츠를 지속적으로 제공하도록 하십시오.

챗GPT의 답에도 있듯이 뉴스레터를 발행하기 전에 가장 먼저 고려해

야 할 것은 타깃을 명확히 설정하는 것입니다. 하지만 우리는 우리 제품의 소비자만을 뉴스레터의 대상으로 여기는 경향이 있습니다. 앞서 살펴본 해피어레터의 경우, 만약 오롤리데이 제품의 고객만을 대상으로 한다면 개발 과정에 대한 이야기나 신제품 안내 등의 내용으로 채웠겠죠. 애플처럼 찐팬이 많은 브랜드는 그럴 수 있겠지만 그렇지 않은 브랜드가 뉴스레터의 타깃을 제품 사용자로 좁혀서 설정하면 콘텐츠를 기획하기도 힘들고 지속하기는 더욱 어렵습니다. 우리 뉴스레터의 고객이 누구인가에 대한 힌트를 찾기 위해서 먼저 QR 코드의 영상을 한번 보시기 바랍니다.

이 영상은 배달의민족 광고 영상입니다. 치킨 외에도 피자, 찌개, 족발, 떡볶이 같은 메뉴가 시리즈로 만들어졌죠. 영

배고픈, 배고플 사람들을 위한 배달의민족

상에는 별다른 멘트도 없습니다. 배민에 대한 내용은 마지막에 브랜드 이름이 한 번 등장하는 게 전부죠. 배민은 왜 이런 영상을 만들었을까요? 그것은 이 영상이 배고픈, 그리고 이 영상을 보고 배고플 모든 사람을 타깃으로 삼고 있기 때문입니다. 경쟁사 앱을 이용하려는 사람이나 쿠폰처럼 어떤 혜택을 바라는 사람이 아니죠. 배달의민족이 운영했던 뉴스레터 '주간 배짱이' 역시 마찬가지입니다. 이 뉴스레터의 핵심은 작가들의 푸드 에세이를 담은 '요즘 사는 맛'과 배민 직원들의 이야기를 담은 '배민 B하인드'를 꼽을 수 있죠. 마찬가지로 제품(배달)이 아닌 브랜드와의 공감을 일으킬 수 있는 요소가 핵심입니다.

독자 여러분들도 뉴스레터를 발행한다면 우리의 타깃을 어떻게

설정할지를 먼저 정의해보세요. 우리 뉴스레터를 읽는 독자의 페르소나가 구체화되면 어떤 주제로 이야기를 할지도 자연스럽게 이어질 수 있습니다. 항상 주의해야 할 것은 우리 이야기를 전달(Inside-Out)하는 데 초점을 맞출 것이 아니라, 고객이 관심 있을 만한 이야기를 우리가 끌어 오는 형태(Outside-In)에 초점을 맞춰야 한다는 점입니다.

우리의 최종 목적은 무엇인가?(Community → Commerce) : 뉴스레터를 발행하는 것이 단순한 취미 생활이 아니라 특정한 목적이 있다면 최종적으로 기대하는 결과에 대해 명확한 기준을 갖고 있어야 합니다. 회사가 브랜딩 차원에서 뉴스레터를 발행하더라도 궁극적으로는 매출로의 연결되는 것이 목적입니다. 그렇지 않다면 지속적으로 뉴스레터를 발행할 동력을 잃게 되니까요. 하지만 구매라는 고객의 행동을 요청하는 부분을 다룰 때에는 신중할 필요가 있습니다. 자칫하면 지금까지 쌓아온 관계가 무너질 수도 있으니까요. 정말 친한 친구라도 돈 이야기를 꺼내면 이전보다 어색해지는 것과 마찬가지입니다.

구독자는 일부러 본인의 이메일을 등록하고 또 우리 브랜드가 발행한 뉴스레터를 매번 확인해서 보고 있는 고객입니다. 따라서 우리의 접근은 광고가 아닌 혜택으로 여겨질 수 있도록 해야 하죠. 구독자와의 관계도 유지하면서 매출과 연결할 수 있는 방법을 챗GPT에게 물어보았습니다.

 브랜드 뉴스레터를 발행하고 있는데, 궁극적으로 매출과 연결시키려고 해. 하지만 이런 구매 요청이 우리 구독자들에 대한 혜택으로 여겨지게끔 하고 싶어. 어떤 방법들이 있을까?

브랜드 뉴스레터를 통해 매출을 증가시키면서도 구독자들에게 혜택으로 여겨지게 하려면, 구독자들의 관심과 필요에 부응하는 전략을 세워야 합니다. 아래 방법들을 참고해보세요.

1. 가치 있는 콘텐츠 제공 : 구독자들에게 실질적인 가치를 제공하는 콘텐츠를 만들어야 합니다. 도움이 되는 정보, 팁, 가이드 등을 제공하여 구독자들이 뉴스레터를 기다리게 만드세요.

2. 개인화된 추천 : 구독자의 관심사와 구매 이력을 바탕으로 개인화된 제품이나 서비스를 추천하세요. 개인화된 추천을 통해 구독자들이 필요로 하는 제품이나 서비스를 쉽게 찾을 수 있도록 도와줍니다.

3. 특별한 할인과 프로모션 : 뉴스레터 구독자를 위한 독점 할인이나 프로모션 코드를 제공하세요. 시간 제한이 있는 플래시 세일이나 구독자 전용 세일을 진행하세요.

4. 제한된 수량의 제품 또는 서비스 : 구독자만 구매할 수 있는 한정판 제품이나 서비스를 제공하세요. 이러한 방식은 구독자들에게 독점적인 경험을 제공하고 구매를 유도할 수 있습니다.

5. 구독자 전용 이벤트 : 온라인 쇼핑 이벤트나 프로모션에 구독자들을 초대하세요. 이벤트에서는 새로운 제품 출시, 라이브 데모, Q&A 세션 등 다양한 활동을 진행할 수 있습니다.

6. 커뮤니티 참여 : 구독자들에게 제품 개발 과정에 참여할 기회를 주세요. 예를 들어, 제품 리뷰, 피드백 제출 등을 요청할 수 있습니다. 이를 통해 구독자들이 브랜드에 더 연결되어 있음을 느끼게 하고, 그들의 소중한 의견을 얻을 수 있습니다.

7. FOMO (Fear of Missing Out) 활용 : 한정된 시간이나 수량으로 제공되는 특별한 혜택을 홍보하여 구독자들이 놓치고 싶지 않다는 느낌을 줍니다.

이러한 전략들을 통해 구독자들에게 혜택을 제공하며 동시에 브랜드의 매출 증가를 도모할 수 있습니다. 항상 구독자의 입장에서 생각하고, 그들이 진정으로 원하고 필요로 하는 것이 무엇인지 고려하여 전략을 구성하세요.

앞의 내용을 토대로 봤을 때, 뉴스레터의 구독자에 대해서는 일종의 브랜드 멤버십화해야 한다는 것을 알 수 있습니다. 멤버십을 가장 잘 운영하고 있는 브랜드로는 나이키를 들 수 있습니다.

나이키는 자사의 멤버십 고객에게 멤버 전용 상품을 판매하거나 할인 혜택을 제공합니다. 또 나이키 트레이닝 클럽NTC나 나이키 런 클럽NRC은 전문가의 코칭 및 커뮤니티 기능을 제공합니다. 특히 스니커즈SNKRS 앱에서는 드롭drop이라는 기능을 만들어 한정판 상품을 불시에 판매하는데 2005년 미국의 유명 디자이너인 제프 스테이플과 협업해 내놓은 스테이플 피죤 덩크라는 한정판 운동화는 당시 200달러에 판매됐지만 현재의 가치는 7000만 원에 달합니다. 이렇게 멤버십 고객에게만 혜택을 제공한다고 하면 브랜드에 대한 고객의 충성도는 높아집니다.

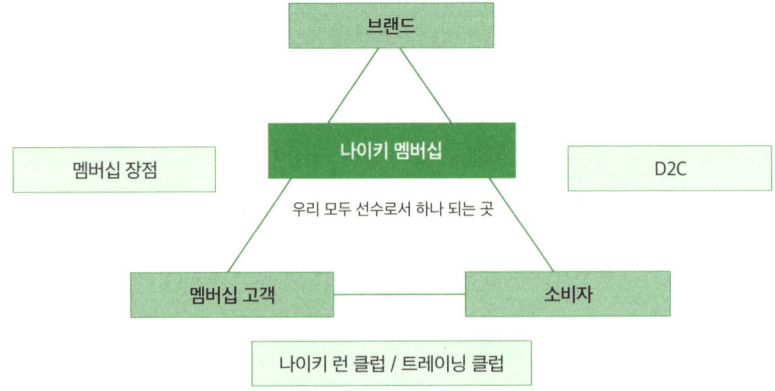

멤버십 고객들만을 위한 독특한 경험의 제공은 데이터 분석의 과정을 거쳐 다시 고객 혜택을 설계하는 데 반영할 수 있는데요. 나이키가 자체 콘텐츠와 커뮤니티, 커머스를 유기적으로 연계하기 위해 멤버십을 운영하는 방법은 왼쪽의 도표를 보면 잘 알 수 있습니다.

결국 뉴스레터는 우리 브랜드의 커뮤니티 전략과 연계된다고 할 수 있습니다. 만약 단순히 소식지 형태로 발행한다면 구독자 증가는 물론, 오픈율이나, 최종적인 매출에 대한 전환율도 끌어올리기 쉽지 않겠죠.

뉴스레터 콘텐츠 캘린더 만들기: 지금까지의 내용을 토대로 뉴스레터를 구성해보겠습니다. 이번에도 챗GPT의 도움을 받아 아이데이션을 해볼 수 있습니다. 가상의 앱테크 브랜드를 설정하고 일상에서 돈을 아낄 수 있는 방법을 소개하는 콘텐츠 캘린더를 매월 2회씩 발행한다고 전제를 설정해주었습니다.

앱테크 브랜드의 뉴스레터를 제작할 계획이야. 이 뉴스레터의 콘텐츠 캘린더를 만들어줘. 핵심 내용은 일상에서 돈을 아낄 수 있는 방법이고 2024년 1월부터 매월 둘째 주와 넷째 주 목요일에 발행하는 것으로 3개월 분량의 제안을 만들어줘. 마지막으로 발행하는 날짜의 시즈널 이슈와 연결시켜서 콘텐츠를 구성해줘.

물론이죠! 2024년 1월부터 3개월 간, 매월 둘째 주와 넷째 주 목요일에 발행될 뉴스레터 콘텐츠 캘린더를 제안드립니다. 시즈널 이슈를 반영하여 콘텐츠를 구성하였습니다.

2024년 1월

1. 1월 11일 (둘째 주 목요일) : "새해 소비 스마트하게 시작하기"

새해에 돈을 아끼는 생활 습관에 대한 팁을 제공

새해 목표 설정 및 예산 관리에 대한 앱 추천 및 사용법

2. 1월 25일 (넷째 주 목요일) : "겨울 세일 스마트하게 쇼핑하기"

겨울 세일 기간 중 스마트 쇼핑 방법 제안

할인정보, 캐시백, 리베이트를 제공하는 앱 소개

2024년 2월

1. 2월 8일 (둘째 주 목요일) : "밸런타인 데이 스마트한 선물 구입 방법"

밸런타인 데이 선물 구입시 돈을 아끼는 방법과 앱 추천

선물 가격 비교 및 할인 쿠폰 제공 앱 소개

2. 2월 22일 (넷째 주 목요일) : "윤년에만 가능한 돈 아끼는 팁"

2월 29일 윤년 특별 이벤트 및 할인 정보 공유

윤년 관련 다양한 프로모션과 할인 정보 제공 앱 소개

2024년 3월

3. 3월 14일 (둘째 주 목요일) : "봄맞이 청소, 스마트하게 준비하기"

봄 청소 관련 상품 구입 시 돈을 아끼는 방법 및 앱 추천

청소용품 할인 정보, 가격 비교 방법 소개

4. 3월 28일 (넷째 주 목요일) : "노란 봄, 여행 계획 스마트하게 세우기"

봄철 여행 계획시 돈을 아끼는 방법 및 앱 추천

여행지 예약, 할인 티켓 정보, 지역 화폐 사용 팁 제공

이렇게 각 뉴스레터에서는 해당 시즌과 연관된 주제로 콘텐츠를 구성하고, 돈을 아끼는 방법과 관련된 앱 기술 및 팁을 제공하는 방향으로 계획하였습니다.

기본적인 캘린더 구성은 된 것 같습니다. 돈을 아끼는 방법을 알려달라는 요청도 잘 반영했고 일일이 우리가 캘린더를 찾아보지 않아도 해당 시즌에 맞는 내용으로 구성을 하고 있네요. 추가로 커뮤니티 참여적인 요소에 대해서도 추가로 요청을 해보도록 하죠.

 뉴스레터에 고객 참여적인 요소를 만들고 싶어. 어떤 아이디어가 있을까?

 고객 참여를 유도하는 뉴스레터 콘텐츠 아이디어를 몇 가지 제안드립니다.

1. 설문조사 및 피드백: 고객들의 의견을 듣고, 뉴스레터의 내용을 개선하는 데 사용할 수 있습니다. 또한, 고객이 느끼는 가치와 기대를 파악하는 데 도움이 됩니다.
2. 콘테스트 및 이벤트: 사진, 그림, 에세이 등 다양한 형태의 콘테스트를 열 수 있습니다. 콘테스트 결과물은 뉴스레터나 웹사이트에 게재하여 공유할 수 있습니다.
3. 질문 및 답변 (Q&A) 세션: 고객들로부터 질문을 받아 전문가가 답변하는 코너를 만들 수 있습니다. 고객의 고민을 해결해주며, 동시에 유용한 정보를 제공합니다.
4. 사용자 제출 스토리: 고객들이 자신의 돈 아끼기 경험을 공유하는 코너를 만들 수 있습니다. 고객의 스토리를 통해 다른 사람들도 동기부여를 받을 수 있습니다.
5. 뉴스레터 구독자 전용 할인: 뉴스레터 구독자를 대상으로 특별한 할인이나 **프로모션**을 제공할 수 있습니다. 이를 통해 구독자의 로열티를 높이고 뉴스레터 구독을 유도합니다.

6. '이달의 팁' 공유 : 구독자들이 제출한 생활 속 돈 아끼기 팁을 뉴스레터에 소개합니다. 좋은 아이디어를 선택하여 상품을 제공할 수 있습니다.
7. 소셜 미디어 연동 : 뉴스레터 내용과 관련된 소셜 미디어 챌린지나 해시태그 이벤트를 만들 수 있습니다. 소셜 미디어를 통해 더 많은 참여와 홍보 효과를 얻을 수 있습니다.

이런 아이디어들을 통해 고객의 참여를 유도하고, 뉴스레터의 활성화와 다양한 콘텐츠 제공이 가능할 것입니다.

너무 내용이 많아서 뉴스레터에 다 넣기는 어렵겠지만 우리 브랜드에 가장 적합한, 그리고 우리 고객들과의 소통을 강화하고 그들의 참여를 이끌어낼 수 있을 만한 요소를 선택해서 진행할 수 있습니다.

참고로 뉴스레터를 발송할 때 국내에서 가장 많이 활용하는 서비스는 스티비를 추천합니다. 사용하시려면 stibee.com에 접속해서 가입하시면 됩니다. 스티비는 다양한 템플릿을 제공하며 메일 발송 및 분석까지 진행할 수 있습니다. 또 500명 이하의 고객에게 한 달에 두 번 발송하는 조건에서 무료로 이용할 수 있습니다. 이제 막 브랜딩을 시작하는 분들이라면 참고해볼 만합니다.

5장

AI로 디자인하기

> 디자인은 무엇인가를 보이게 하는 것이 아니라 작동시키는 것이다.
>
> — 스티브 잡스(애플 CEO)

한때 브랜딩은 곧 디자인이라고 생각하는 경향이 많았습니다. 로고나 명함, 각종 문서 양식 등을 바꾸는 것이 곧 브랜딩이라고 생각하고 또 그렇게 유도하는 대행사들도 많죠. 물론 디자인은 중요합니다. 하지만 디자인이 뭔지 정확히 이해하는 분은 많지 않습니다. 카카오 조수용 대표는 "디자인이란 좋고 나쁘고의 문제가 아니라 맞고 틀림의 문제"라고 말했습니다. 아무리 보기 좋아도 사용하기 불편하다면 그것은 디자인이 틀린 제품이라는 뜻입니다.

일반적으로 '디자인 design'은 예쁘게 만드는 것으로 생각하는 경우가 많지만 사전적인 의미의 디자인은 우리가 '목적'을 달성하기 위해 실체화하는 것입니다. 보통 '설계'를 영어로 '디자인'이라고 표현하는 만큼 디자인을 한다는 것은 우리의 목적에 부합하고 상품을 고객이 편리하게 이용할 수 있도록 설계하는 것입니다. 그렇다면 마케터들 역시 디자인을 할 수 있지 않을까요? 아니 당연히 마케터도 디자인을 해야 하는 것이 아닐까요? AI의 도움을 받는다면 더 쉽고 빠르고 편리하게 할 수 있을 것입니다.

상품 상세 페이지 제작

사람들은 드릴이 아닌 구멍을 원한다.

― 테오도르 레빗 (하버드 경영대 경영학과 명예교수)

최근 소비자들이 주로 제품을 구매하게 되는 곳은 온라인 쇼핑몰입니다. 그리고 그 순간은 어쩌면 우리가 마지막으로 고객에게 우리 제품에 대해 소개할 수 있는 기회일지도 모릅니다. 이때 가장 큰 역할을 하는 것이 상품 상세 페이지입니다.

　쇼핑몰에서 잠재 고객과 우리 브랜드의 접점은 상세 페이지입니다. 고객들에게 필요한 정보를 제공하고 구매를 유도하는 것이 상세 페이지의 목적이라고 할 수 있죠. 이 상세 페이지를 어떻게 만드느냐에 따라 **구매전환율**conversion rate이 달라지는데요. 먼저 구매전환율과 예상 매출은 다음과 같이 계산할 수 있습니다.

예상 매출 = 방문자 × 가격 × 구매 전환율

구매전환율 = 구매자 수 / 방문자 수

앞의 공식을 통해 우리는 매출을 높이기 위해서는 방문자, 가격, 구매 전환율 중 하나 이상의 요소를 올려야 한다는 것을 알 수 있습니다. 하지만 가격은 브랜드의 신뢰도와 연결되어 있어 함부로 변경하기 어렵고, 방문자를 늘린다는 것은 일반적으로 마케팅 비용의 증가를 뜻하니 쉽지 않죠. 하지만 구매전환율은 우리가 통제할 수 있는 범위에 있으면서 매출에도 많은 영향을 주는 요소입니다. 예를 들어 우리 제품의 상세 페이지까지 유입된 고객이 10만 명이고, 판매 가격이 1만 원이라고 가정했을 때 구매 전환율이 5%라면 매출은 5천만 원이 되지만, 13%라면 1억 3천만 원이 될 수 있습니다. 결국 매출을 높이는 가장 효율적인 방법은 브랜드와 소비자의 최종적인 접점인 상세 페이지를 통해 구매 전환율을 높이는 것이라고 할 수 있습니다.

그렇다면 상세 페이지는 어떻게 제작할 수 있을까요? 외주 업체에게 맡기거나, 직접 포토샵 등을 배워서 만들 수도 있겠지만 우리는 AI를 사용해서 제작해보겠습니다.

판다랭크와 미리캔버스로 상세 페이지 만들기

상세 페이지를 만들 때는 제작을 얼마나 쉽게 하느냐에 대한 부분도 고려해야겠지만 무엇보다 다른 상세 페이지와 차별화되면서 내 상품의 뛰어난 부분이 잘 드러나야 합니다. 시장에서 우리 제품만 판매되고 있는 것이 아니니까요. 이런 경쟁에 대해 잘 알려주는 이야기를 소개하겠습니다.

두 친구가 함께 아프리카 여행을 떠났습니다. 하지만 길을 잃고

헤매던 중에 한참을 굶은 듯한 사자와 마주치게 됐죠. 그런데 갑자기 한 친구가 운동화 끈을 조여 묶기 시작했습니다. 그러자 다른 친구가 한심하다는 듯 물었죠.

"아니 이 친구야, 그런다고 사자보다 빨리 달릴 수 있나?"

그러자 운동화 끈을 다 묶은 친구가 대답했죠.

"당연히 사자보다 빨리 뛸 수는 없지. 하지만 자네보다 빨리 뛰면 되거든."

살아남으려면 경쟁자보다 한 발만 앞서면 된다는 점을 보여주는 이야기입니다. 마찬가지로 상세 페이지를 만들 때는 강조할 요소를 정하면서 최근 트렌드를 파악하고 경쟁 업체의 것을 함께 살펴봐야 합니다. 많이 살펴보고, 많이 만들어 볼수록 소비자의 선택을 받을 가능성이 높아지고 그래야만 나의 구매전환율이 높아져서 수익이 상승합니다. 또한 시시각각 변하는 트렌드의 흐름을 따라가기 위해 한시도 업계의 흐름을 놓치지 말아야 하며 꾸준히 모니터링해야 한다는 점을 잊지 마시기 바랍니다.

판다AI를 만든 판다랭크는 주로 네이버 키워드를 분석하는 서비스를 제공하죠. 네이버에서 검색 광고를 하거나 스마트스토어를 운영하는 분들이 많이 이용하고 있습니다. 따라서 한국의 이커머스 상황을 고려한 답을 제공할 가능성이 가장 높다고 할 수 있어서 챗GPT 대신 사용하겠습니다. 판다랭크는 우리가 판매할 제품에 대한 키워드를 입력하면 해당 키워드와 관련한 다양한 정보를 제공해줍니다. 연관 키워드와 시장의 규모, 키워드 가격 등에 대한 내용을 빠르고 한눈에 파악할 수 있어 도움이 됩니다. 이렇게 정보를 수집한 뒤 챗GPT와 디자인 툴인 미리캔버스를 활용하면 내용을 구성하고 디자인을 할 수 있습니다. 앞에서 소개했던 퓨어퍼펙션을 사례로 Toy Project를 통해 상세 페이지를 제작해보겠습니다.

> **Toy Project** <

퓨어퍼펙션
상세 페이지 만들기

김 과장은 퓨어퍼펙션에 대해 본격적으로 온라인 판매 준비를 해보기로 했습니다. 쇼핑몰에서 판매를 하려면 상세 페이지가 준비되어야 합니다. 먼저 김 과장이 만든 상품과 유사한 상품이 유통되고 있는 온라인 이커머스 사이트를 살펴보니 정말 다양한 형태의 상세 페이지가 있다는 점을 알 수 있었습니다. 다들 디자이너를 고용해서 상세 페이지를 작성하는 것인지, 그렇다면 그 비용을 어떻게 감당하고 있는지 의문이 들었습니다. 김 과장은 그들을 고용할 여력이 없고 디자인 역시 할 줄도 모르고 해본 적도 없지만 AI의 도움을 받아 이미지도 만들고 카피도 만들어본 뒤부터는 걱정이 되지 않습니다. 아마도 어딘가에는 나를 도와줄 수 있는 AI나 서비스가 반드시 있을 테니까요. 쇼핑몰을 운영하는 친구들에게 물어보니 요즘 판다랭크pandarank를 많이 쓰는 것 같더군요. 김 과장은 바로 pandarank.net에 접속해봤습니다.

판다랭크에서 키워드 조사하기: 판다랭크 사이트를 방문하면 상단에 ① '셀러'와 ② '인플루언서' ③ '체험단' 등의 탭이 있습니다. '셀러'에 마우스를 대면 '상품 최적화'와 하위 항목이 나타나고 '인플루언서'에 마우스를 대면 '블로그 최적화'와 하위 항목이 나타납니다. 김 과장은 퓨어퍼펙션을 판매하는 것이 것이 목적이니 '셀러'에서 '천연 화장품'을 입력해 검색했습니다.

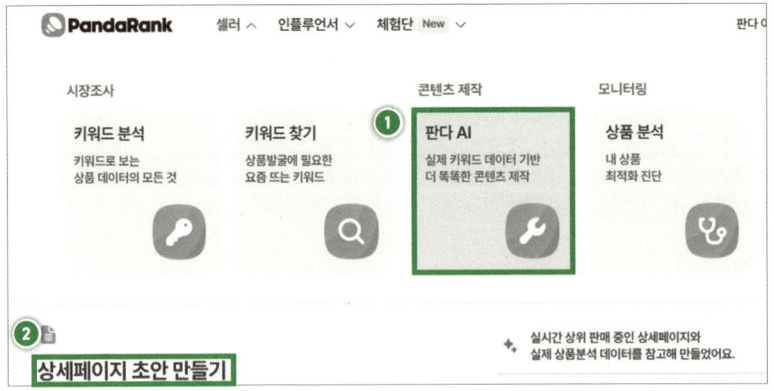

어쩌다 마케터를 위한 AI 활용법

판다랭크로 상세 페이지 문구 만들기: 셀러 메뉴 중 ① [판다 AI] 메뉴를 클릭하면 ② '상세 페이지 초안 만들기'가 있습니다. 클릭하면 위와 같은 화면이 나타납니다. 상세 페이지를 제작하기 위해 우리는 '판매할 상품'과 '연관 키워드' '자세한 설명' 등의 항목을 입력하면 됩니다. 일단 구체적인 제품의 콘셉트를 잡기 전이니 다음과 같은 내용을 입력하고 [생성] 버튼을 클릭했습니다.

상세 페이지 초안 만들기

판매할 상품 (키워드) : 퓨어퍼펙션

카테고리 : 1차 – 화장품/미용 2차 – 스킨케어

연관 키워드 : 천연화장품, 트러블, 가성비

자세한 설명 (선택) : 트러블걱정을 지워주는 천연화장품

카테고리 : 화장품/미용 > 스킨케어

상위 판매 제품 특징

1. 태그 수 : 7개

2. 평균 배송일 : 2일

3. 할인율 : 33%

4. 상세 페이지 평균 글자 수 : 611자

5. 섬네일 이미지 : 4장

6. 상세 페이지 이미지 : 14장

7. 이미지 사이 설명문구 : 7개

8. 텍스트 리뷰 포인트 : 106원

9. 포토 리뷰 포인트 : 271원

상세 페이지 구성

[메인 설명 글]
1. 퓨어퍼펙션은 당신의 피부 트러블 걱정을 덜어주는 천연 화장품으로, 자연에서 얻은 성분으로 만들어 순합니다.
2. 각종 피부 트러블에 효과적인 성분을 균형 있게 배합하여 피부 본연의 아름다움을 회복시켜 줍니다.
3. 퓨어퍼펙션은 가성비를 중시하는 분들을 위해 합리적인 가격에 고품질의 피부 관리를 가능하게 합니다.
4. 지속 가능한 아름다움을 위해 환경에 부담을 주지 않는 에코 프렌들리 포장을 사용하고 있습니다.

[이런 분에게 추천해요]
1. 자주 발생하는 피부 트러블로 고민인 분들에게 적합합니다.
2. 순하고 자연 유래 성분을 선호하는 분들에게 추천합니다.
3. 일상에서 실용적이면서도 효과적인 스킨케어를 찾는 분들에게 좋습니다.
4. 지속 가능한 화장품 사용을 원하는 환경 의식이 있는 분들께 추천드립니다.

[유의사항]
1. 천연 화장품이지만 개인에 따라 알레르기 반응을 일으킬 수 있으니 사용 전 성분을 확인해주세요.
2. 사용 중 피부에 이상이 생겼을 경우 사용을 중단하고 전문가와 상담하시길 바랍니다.
3. 직사광선을 피하고 서늘하고 건조한 곳에 보관해주세요.
4. 손이 닿지 않는 곳에 보관하여 어린이의 손이 닿지 않도록 하세요.

[이용방법 및 순서]

1. 세안 후 깨끗한 얼굴에 토너로 피부 결을 정돈해줍니다.
2. 적당량을 덜어내어 안면 중심에서 바깥쪽으로 부드럽게 펴 발라주세요.
3. 피부에 충분히 흡수될 때까지 가볍게 두드려주면서 마무리해줍니다.
4. 필요한 경우 추가적인 수분 제공을 위해 보습 크림을 덧발라 주세요.

[추천 이미지]

1. 천연 재료와 고급스러운 질감을 나타내는 상품의 주요 성분 이미지
2. 산뜻하고 맑은 피부를 연출하는 모델의 사용 전후 비교 사진
3. 심플하고 자연 친화적인 제품 포장과 디자인을 강조한 이미지
4. 일상 속에서 제품을 사용하는 라이프스타일 적용 사진

판다랭크를 통해 기본적인 내용은 준비가 된 것 같습니다. 카테고리 내의 다른 브랜드들의 상세 페이지를 참고해서 내용을 보완하면 되겠네요. 판다랭크의 대답을 마케터가 작성하려면 기획자나 개발자와 수많은 미팅을 해야 했을 것입니다. 그 과정을 진행하려면 들여야 하는 시간과 자원이 적지 않은데 AI와 함께하니 훨씬 빠르고 쉽게 뼈대를 만들 수 있었습니다. 마케터인 우리는 살을 붙이고 검수만 하면 되니 참 좋네요. 이제 상세 페이지 디자인을 해볼 차례입니다. 미리캔버스는 제품 이미지와 소개할 내용만 있으면 간단히 디자인을 할 수 있게 만들어주는 서비스입니다. Canva나 망고보드도 유사한 서비스입니다.

미리캔버스로 상세 페이지 디자인하기: 김 과장은 상세 페이지를 디자인하기 위해 미리캔버스를 사용해보기로 했습니다. miricanvas.com에 접속하면 위의 화면이 나타납니다. 미리캔버스에는 이미 많은 템플릿들이 준비되어 있는데요. 판매하려는 상품의 특징을 잘 드러낼 템플릿 메뉴를 선택하고 '상세 페이지'라고 검색했는데 그 수가 너무 많습니다. 좀 더 퓨어퍼펙션에 적합한 디자인을 찾기 위해 키워드를 '화장품 상세 페이지'로 수정하고 다시 검색했습니다.

미리캔버스가 내놓은 템플릿 중에는 템플릿 좌측 상단에 왕관 표시가 되어 있는 템플릿이 있습니다. 이 템플릿은 유료 가입자만 사용할 수 있는 템플릿이라 김 과장은 이 표시가 없는 무료 템플릿을 선택했습니다. 또 자신이 선택한 템플릿이 현재 너무 많이 쓰이고 있어 독자에게 식상함을 줄 수 있는 템플릿이 아닌지도 확인하기 위해 다른 상품의 상세 페이지도 확인해보는 등 여러 과정을 거친 끝에 김 과장은 마음에 드는 템플릿을 선택했습니다.

미리캔버스는 수많은 템플릿을 제공하고 있습니다. 마음에 드는 템플릿을 하나 클릭하고 위의 화면에도 있는 [이 템플릿 사용하기] 버튼을 누르면 이 템플릿을 사용할 수 있습니다. 선택한 템플릿을 기본으로 하되 제목이나 이미지를 클릭하면 그 부분만 바로 수정할 수 있습니다. 만약 페이지의 구성 요소 중 없는 부분이 있다면 다른 템플릿에 있는 부분을 가져와서 병합할 수도 있습니다. 김 과장은 달리가 만들어준 제품 사진과 판다랭크로 작업한 상세 페이지 문구를 토대로 템플릿을 수정했습니다. 작업이 완료되면 파일 메뉴에서 다운로드할 수 있는데 웹페이지용 파일뿐 아니라 인쇄용 파일이나 동영상 파일로도 저장할 수 있습니다.

여러 과정을 거쳐 김 과장은 왼쪽의 이미지가 들어간 상세 페이지를 디자인했습니다. 처음에는 템플릿 수정이 익숙지 않아서 시간이 오래 걸렸지만, 나중에는 포토샵이나 파워포인트 등으로 작업하는 것보다 훨씬 빠르게 고퀄리티의 결과물을 얻을 수 있을 것 같다는 기대가 생기네요.

최근에는 Canva를 비롯한 템플릿 사이트에 다양한 AI 기능이 추가되어 이미지나 카피 등을 더 쉽게 제작할 수 있게 되었습니다. 물론 대부분 유료이긴 하지만 시간이나 외주 비용 등을 절약할 수 있다면 사용을 고려해 볼 수 있을 것 같습니다.

MBTI 테스트를 만들어 마케팅에 활용하기

MBTI는 사람들의 성격 유형을 이해하기 위한 심리테스트입니다. 테스트를 통해 16개의 성격 유형이 구분되는데, 이를 통해 각자의 선호, 태도, 행동 양식 등을 이해할 수 있습니다. MBTI는 이제 세대를 가리지 않고 유행하는 하나의 문화가 됐습니다. 유행 초기에는 내향형I인지 외향형E인지 정도만 화제에 올랐는데 최근에는 여행 스타일을 이야기할 때 판단형J인지 인식형P인지를 묻고 직관형N인 상사와 일하는 감각형S인 직원의 고충을 이야기할 때도 활용됩니다. 그리고 공감을 중요시 여기는 감정형F인 사람과 사실을 중요시 여기는 이성형T인 사람이 대화를 하면 서로 답답해 한다는 이야기도 들립니다. 그래서 요즘에는 "너 혹시 T야?"라는 질문을 받았다면 내가 평소에 딱딱하게 굴었나라는 걸 되새겨 봐야 할 수도 있습니다.

MBIT가 다양한 공감 스토리와 재미 요소를 만들면서 모임에 가면 'MBTI가 어떻게 되세요?'라는 질문이 거의 빠지지 않고 나오죠. 대화를 이어가기 애매할 때 분위기를 녹이는 데 MBTI만 한 것이 없습니다. 이런 류의 테스트가 유행한 것이 최근의 일은 아닙니다. 점성술이나 혈액형과 관련된 각종 테스트가 인기를 끌 때도 있었고, 나뭇잎으로 이성이 나를 좋아하는지 여부를 점쳐 보던 때도 있었죠. 시대와 나이를 떠나서 나 또는 누군가의 마음을 알아보는 것은 항상 관심의 대상입니다.

사람들의 관심이 있는 부분에 마케팅에 활용하려는 시도도 당연히 많아졌는데요. MBTI 테스트를 통해 우리 회사의 브랜드나 상품을 알릴 수도 있고 회원 가입을 유도할 수도 있겠죠. 경우에 따라 MBTI의 결과에 따른 제품 추천 같은 형태로도 진행할 수 있습니다. 물론 여러분이 MBTI를 마케팅에 활용하자고 의견을 냈지만 반대에 부딪칠 수도 있습니다. 제품이 중요하지 콘텐츠 하나가 뭐 중요하냐고 말씀하시는 분들이 계시니까요. 요즘도 이런 상사들이 있겠냐고 의문을 던질 수 있지만 그것과 상관없이 마케터로서 우리는 스스로 납득하고 명확한 목표를 가지고 진행할 필요가 있습니다. 제품의 본질과 관계없는 이런 마케팅은 정말 도움이 될까요? 그냥 유행 따라하기에 지나지 않는 걸까요?

코드code는 중요한 구매 동기가 됩니다

몇 년 전부터 '재미'가 중요한 마케팅 포인트가 됐습니다. 대표적으로 빙그레우스나 곰표 맥주, 점보도시락 등의 사례가 있죠. 온라인 상에서 이런 제품을 구매하고 인증을 하는 것이 하나의 문화가 됐습니다. 하지만 이런 브랜드들의 제품에 큰 차별화 요소가 있었던 것은 아닙니다. GS25가 판매한 넷플릭스 팝콘은 팝콘 자체에 특징이 있는 것이 아닙니다. 집에서 넷플릭스를 볼 때 적합한 팝콘이라는 것이 인기를 끈 요인이었죠. 점보도시락 컵라면도 마찬가지입니다. 기존의 도시락 라면보다 크다는 것 외에 별다른 차별 요소는 없습니다. 크다는 것만으로도 소비자에게 재미를 주고 있어서 화제가 된 제품입니다.

MBTI는 소비자들에게 재미를 줄 뿐 아니라 소비자의 성향을 파악할 수 있다는 점에서 매력적인 마케팅 수단입니다. 전통적으로 고객을 세분화하는 것은 유용한 마케팅 방식이죠. STP처럼 우리의 소비자를 쪼개고, 명확히 규정하는 것은 마케팅 효율을 높이는 데 있어 꼭 필요한 과정입니다. 또 최근의 데이터 마케팅에서도 비슷한 성향을 가진 사람들을 묶어 관리하는 코호트cohort 분석은 매우 도움이 됩니다. 그만큼 성향 파악과 그 성향에 따른 관리는 마케팅 효과가 높다고 할 수 있죠.

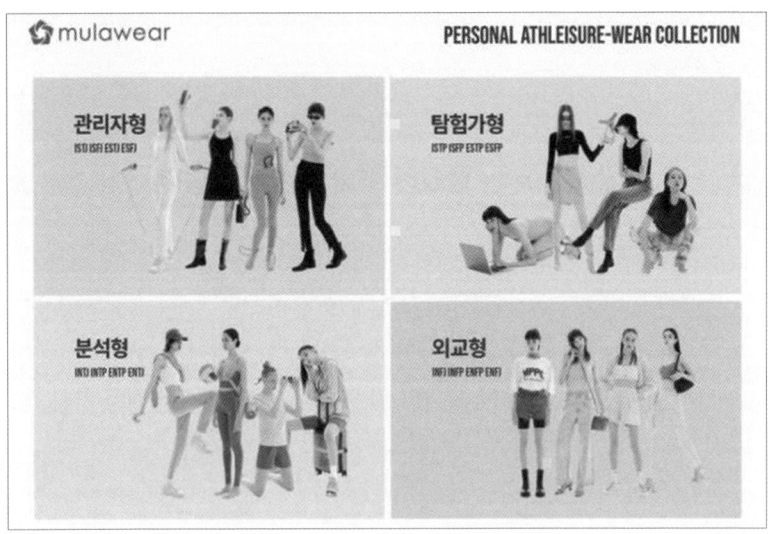

뮬라웨어는 MBTI 유형별로 애슬레저 웨어 컬렉션을 제시했습니다. 관리자형, 탐험가형, 분석형, 외교형 등 각 유형별로 맞춤형 패션을 제안한 거죠. 뮬라웨어는 MBTI 컬렉션이라는 이름으로 다양한 브랜디드 콘텐츠를 만들었고, 이는 자연스럽게 인플루언서들의 콘텐츠 소재가 되고, 바이럴이 확산되는 효과를 거둘 수 있었습니다. 최근 마케팅에서 인스타그램에 공유할 만한 소재가 되는가라는 의미에서 인스타그래머블이라는 용어가 유행했던 것을 생각하면 MBTI를 활용한 자체로 성과를 거두게 된 거죠.

이렇게 제품과 연계한 사례가 아니라도 MBTI 자체로 자사의 플랫폼에 유입시키는 시도는 무척 많습니다. 부담 없이 참여하고, 결과를 공유하면서 확산될 수 있다는 장점이 있기 때문입니다.

그렇다면 우리도 MBTI를 만들 수 있을까요? 디자이너나 개발자가 없다면 쉽지 않은 일이겠지만 AI가 있다면 가능합니다. 이번 절에서는 챗GPT와 waveon을 활용해 직접 MBTI 테스트를 만들어보도록 하겠습니다.

MBTI 테스트 기획하기: MBTI 테스트를 만들려 해도 무엇을 먼저 해야 할지 몰라 막막하다면 챗GPT에게 물어보면 됩니다.

 요새 MBTI 테스트에 대한 관심이 많은 것 같아. 마케팅 요소로 MBTI 테스트를 만들어보고 싶은데, 어떤 요소들을 고려해야 할지 조언해줘.

 MBTI 테스트를 마케팅 요소로 사용하고자 하는 경우, 다음과 같은 사항을 고려해야 합니다.

1. 대상 시장 파악 : MBTI 테스트의 대상 고객층을 파악해야 합니다. 어떤 연령대, 직업군, 취미 등의 특징을 가진 사람들을 대상으로 할 것인지 결정합니다.
2. 테스트의 목적 : 테스트의 주요 목적을 명확히 합니다. 예를 들어, 상품 추천, 팀 빌딩, 이벤트 참여 독려 등 다양한 마케팅 목적에 따라 테스트의 내용과 구성을 다르게 할 수 있습니다.
3. 유흥적 요소 포함 : 사용자가 테스트를 즐겁게 경험하도록 디자인하는 것이 중요합니다. 특히 마케팅 목적의 테스트에서는 유머러스하거나 재미있는 요소를 넣어 관심을 끌 수 있도록 합니다.
4. 정보의 정확성 : MBTI 테스트의 신뢰도와 정확성을 높이기 위해 테스트 항목 및 결과 설명을 신중하게 구성해야 합니다.
5. 결과 공유 기능 : 사용자가 테스트 결과를 소셜 미디어 등에서 공유할 수 있도록 기능을 추가하면 테스트의 홍보 효과를 높일 수 있습니다.
6. 피드백 수집 : 사용자의 피드백을 수집하여 테스트의 품질을 개선하거나 새로운 마케팅 전략을 세울 수 있습니다.
7. 데이터 보호 : 사용자의 개인 정보와 응답 내용은 보호되어야 합니다. 개인정보 보호법 및 관련 법규를 준수하고, 사용자에게 이를 명확하게 알려야 합니다.
8. 결과와 연계된 제안 : 테스트 결과에 따라 특정 제품, 서비스, 이벤트 등을 추천하거나 제안하는 방식으로 마케팅 효과를 극대화할 수 있습니다.
9. 모바일 최적화 : 사용자들이 스마트폰에서 테스트를 쉽게 할 수 있도록 모바일 환경에 최적화된 디자인을 고려해야 합니다.
10. 홍보 및 배포 : 테스트를 완성한 후에는 다양한 채널을 통해 홍보하고 배포하여 가능한 많은 사람들이 테스트를 경험하도록 합니다.

> MBTI와 같은 성격 테스트를 마케팅에 활용하는 것은 큰 관심을 받을 수 있습니다. 단, 테스트의 퀄리티를 높이고, 사용자와의 상호 작용을 중심으로 전략을 구성하는 것이 중요합니다.

위의 내용들은 우리가 MBTI를 통한 테스트를 기획할 때 체크해야 할 사항들이지만 지금 열 가지를 다 생각할 필요는 없습니다. 이 책의 독자 여러분들은 이제 익숙해지셨겠지만 우리 '목적'은 무엇이고 '대상'은 누구인지를 먼저 정의하는 습관을 가지는 것이 필요하다는 것을 알고 계실 것입니다. 사례들을 통해서 살펴보죠. 앞의 뮬라웨어의 경우 아마도 타깃은 주로 20~30대에 해당하는 MZ 세대로 설정했을 겁니다. 인스타그램이나 카카오톡 등을 통해 이런 테스트를 공유하고 확산이 될 수 있어야 하니까요.

또 앞서 살펴본 사례에서는 단순히 MBTI 결과만 확인하는 것이 아닌, 나의 라이프 스타일이나 패션 스타일 등과 연계시키고 있죠. 우리 브랜드 역시 이 프로젝트를 왜 하는 것인가에 대한 명확한 목표를 설정하고 이를 MBTI 테스트와 연계할 필요가 있습니다.

노코드 툴로 MBTI 테스트 만들기: 최근 프로그래밍 언어를 사용하지 않고 미리 만들어진 기능만으로 개발하는 노코드 no code 방식으로 앱이나 여러 서비스를 개발하는 것이 유행입니다. 소규모 브랜드나 1인 기업이 늘어나면서 개발자나 디자이너 없이 서비스를 만들 필요가 있기 때문이죠. 또 문과생들이 코딩을 배우려는 움직임이 커지고 있는 가운데 노코드는 더욱더 각광받고 있습니다.

노코드 툴에는 여러 가지가 있습니다. 이 책에서는 별도의 설치 없이 브라우저에서 바로 실행하고 일종의 웹앱 형태로 랜딩 페이지나 심리 테스트 등을 제작하는 데 적합한 waveon을 활용하는 방법을 소개하겠습니다. waveon에 가입하면 무료로 심리테스트를 세 개까지 제작할 수 있으며 여기서는 만들어진 템플릿에 질문과 선택지를 입력하는 방식으로 MBTI를 제작하는 모습을 보여드리겠습니다.

waveon의 홈페이지인 waveon.io에 접속해 가입한 뒤 템플릿 〉 심리테

스트 항목을 클릭하면 왼쪽 그림과 같은 화면이 나타납니다. 앞 단계에서 목적과 대상이 명확하게 정의됐다면 이제 실제로 MBTI 테스트를 만들어볼 차례입니다. MBTI를 만들 때는 질문 구성 → 로직 설계 → 결과 구성의 순서에 따라 진행할 수 있습니다. MBTI 테스트를 기획하는 과정은 Toy Project에서 자세히 살펴보겠습니다.

질문 구성: MBTI는 내향형과 외향형(I/E), 직관형과 감각형(N/S), 이성형과 감정형(T/F), 인식형과 판단형(P/J)까지 총 4개의 유형을 정하는 질문으로 구성되어 있습니다. 일반적으로 홀수 개의 질문을 토대로 더 많이 선택한 쪽으로 결과를 결정하게 됩니다. 만약 E나 I를 결정하는 질문을 5개로 설정한다면 그 중 3개 이상을 선택한 쪽이 응답자의 유형이 됩니다.

로직 설계: 질문을 읽고 선택한 답변이 어떤 결과로 이어질지를 설계하는 단계입니다. 외향과 내향을 확인하는 질문에 선택지로 '예/아니오'가 있다고 가정해보겠습니다. 만약 '예'가 외향(E)에 해당한다면 '예'를 선택했을 때 외향(E) 점수가 1이 올라가고, '아니오'를 선택하면 내향(I) 점수가 1 올라가는 방식입니다. 단, 아니오가 꼭 내향을 의미하지는 않기 때문에 '예/아니오'보다는 구체적인 선택지를 제시하는 것이 좋습니다.

이렇게 만들어진 질문의 로직에 따라 각 질문의 세부적인 내용을 작성할 수 있습니다. 인식과 판단, 이성과 감정 등에 따라서도 점수를 측정할 수 있게 설정할 수 있습니다.

그런데 waveon에서 내향형인지 외향형인지를 확인하기 위한 질문인데 결과 옵션에는 열여섯 개 유형이 모두 나타납니다. 입력한 질문이 외향형인지를 판단하기 위한 것이라면 외향형을 나타내는, 즉 E로 시작하는 8개 유형을 모두 선택합니다.

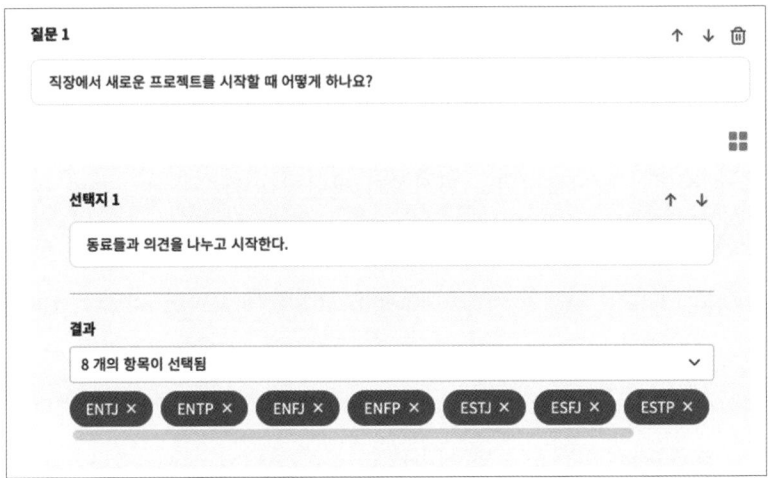

위 그림과 같이 E로 시작하는 MBTI 유형을 모두 선택해줍니다. 다소 번거롭다 생각하실 수 있지만 실제 코딩으로 구현하는 것이 훨씬 더 번거롭다고 생각하시는 것이 마음이 편할 것입니다.

결과 구성: 최종적으로 어떤 결과를 도출할 것인지를 만들면 됩니다. MBTI의 주제와 결과 페이지는 성공에 있어 가장 중요한 요소입니다. 상세 페이지를 얼마나 공감되고 재미있게 만드느냐가 공유 여부를 결정하게 되니까요. MBTI나 성격 테스트의 결과 페이지에서 테스트 결과에 따른 네이밍으로 캐릭터 규정이 필요합니다. 또 결과에 따라 센스 있는 설명을 해줄 수 있어야 합니다. 마지막으로 우리 브랜드의 인지도 상승이나 매출 증대와 이어지는 것을 말하는 콜 투 액션CTA,

Call to Action으로 결과와 연계한 링크를 제공해야 합니다. 여기서는 회원 가입자 증가나 물품 구매 등 우리 브랜드가 원하는 결과 페이지로 유도하는 것을 의미합니다.

예를 들어, 만약 독서 모임이나 서점에서 MBTI의 성격 유형에 따라 책의 장르와 읽는 방식 등을 추천하는 테스트를 개발한다고 하면 외향형은 자기계발, 내향형은 내면탐구, 감각형은 역사, 직관형은 판타지 등으로 연결하는 구성으로 관련 서적을 추천하도록 하는 형태로 설계할 수 있습니다.

> Toy Project <

MBTI에 따른
책 추천을 할 수 있다면?!

지니북의 김 대리는 요즘 고민이 하나 생겼습니다. 며칠 전 대표님이 고객들의 참여도를 높이기 위해 MBTI와 책 읽기를 연결해보라고 말씀하셨거든요. 최근 지니북은 책을 살 때만 방문하는 온라인 서점을 넘어 독서 문화 커뮤니티로 방향을 수정했는데요. 고객의 성향과 연결하기 위해 MBTI를 활용하는 방안도 논의됐기 때문일 겁니다.

하지만 앱 리뉴얼 프로젝트도 함께 진행하고 있어서 향후 몇 달 동안은 개발자나 디자이너의 지원을 받을 수 없는 상황이라는 문제가 있습니다. 그냥 당분간 사장님을 피해 다니는 게 좋을까요? 고민 끝에 김 대리는 AI의 도움을 받아 노코드로 MBTI 테스트 만들기에 도전해보기로 했습니다.

목적: MBTI의 성향별 책 장르 추천
대상: 책 읽기에 관심 있는 20-30대 직장인
질문: MBTI 성향을 알 수 있는 독서, 직장 생활 관련 내용
결과: 성향에 맞는 책 장르와 독서 모임 형태를 추천.

먼저 기본적인 기획 방향은 위와 같습니다. 평소 김 대리는 MBTI에 관심이 많았고 여러 번 성격 테스트를 해본 적도 있기에 로직은 얼추 감을 잡을 수 있었죠. 그리고 대표님의 의도를 고려해 최종적인 결과는 책을 추천하고 책과 관련된 독서 모임이 활성화될 수 있는 방향으로 정했습니다.

그럼 본격적으로 MBTI 질문을 만들기 위해 챗GPT를 사용해보죠. 첫 번째 과제는 MBTI 테스트 내에 들어갈 질문을 만드는 것입니다. 이를 위해 다음과 같이 프롬프트를 구성했습니다.

독서 모임 홍보를 위한 MBTI 테스트를 개발하려고 해. 이 테스트를 위한 질문이 필요한데 아래 조건에 따라 질문을 작성해줘.

질문 목적 : 16개 MBTI 성향에 따라 책 장르와 읽는 방식을 추천
질문 형식 : 아래 4개 세트에 해당하는 질문 총 12개
- 1세트 : 내향형 (I), 외향형 (E)을 파악하기 위한 질문 3개
- 2세트 : 직관형 (N), 감각형 (S)을 파악하기 위한 질문 3개
- 3세트 : 감정형 (F), 사고형 (T)을 파악하기 위한 질문 3개
- 4세트 : 인식형 (P), 판단형 (J)을 파악하기 위한 질문 3개
평소 직장 내에서의 행동이나 독서 습관에 대한 내용으로 작성

1세트 : 내향형 (I), 외향형 (E)을 파악하기 위한 질문
1. 직장에서 새로운 프로젝트를 시작할 때, 보통 혼자서 계획을 세우고 시작하시나요? 아니면 동료들과 의견을 나누며 시작하시나요?
2. 휴식 시간에 주로 어떤 활동을 하시나요? 혼자서 책을 읽거나 조용한 곳에서 시간을 보내시나요? 동료들과 대화하며 시간을 보내시나요?

3. 책을 읽을 때 주로 혼자 읽으시나요? 아니면 다른 사람들과 읽고 토론 하시나요?

2세트 : 직관형 (N), 감각형 (S)을 파악하기 위한 질문

1. 책을 고를 때, 당신은 현실적인 주제의 책을 선호하시나요? 아니면 상상력을 자극하는 판타지나 공상 과학 소설을 선호하시나요?
2. 직장에서 문제가 발생했을 때, 당신은 경험에 기반한 해결 방법을 찾으시나요? 아니면 새로운 아이디어나 방법을 모색하시나요?
3. 당신은 책의 구체적인 내용과 사실을 중요시하시나요? 아니면 책의 전반적인 테마나 메시지에 더 집중하시나요?

3세트 : 감정형 (F), 사고형 (T)을 파악하기 위한 질문

1. 책을 읽을 때 당신은 주인공의 감정에 공감하며 읽으시나요? 아니면 논리적인 플롯과 전개에 더 집중하시나요?
2. 직장에서 의사결정을 할 때 당신은 다른 사람들의 의견과 감정을 우선시하시나요? 아니면 논리와 사실을 기반으로 결정하시나요?
3. 당신은 이야기가 감동적인 책을 선호하시나요? 아니면 학문적인 내용이 담긴 책을 선호하시나요?

4세트 : 인식형 (P), 판단형 (J)을 파악하기 위한 질문

1. 당신은 읽고 있는 책을 끝까지 읽기 전에 다른 책을 시작하시나요? 아니면 한 권의 책을 완전히 마친 후 다음 책을 읽으시나요?
2. 책을 읽을 계획을 세울 때 정해진 시간에 일정 분량을 읽으시나요? 아니면 기분에 따라 읽으시나요?
3. 직장의 프로젝트를 진행할 때, 당신은 계획을 철저히 세우고 진행하시나요? 아니면 유연하게 변화에 대응하시나요?

우리가 어떤 목적의 프로젝트를 진행하는지와 형식과 내용에 대해 구체적으로 정의한 덕분에 위와 같은 질문이 나왔습니다. 그런데 질문만 나오고 선택지는 제시해주지 않았네요. 이럴 때에는 챗GPT에게 추가 요청을 하면 됩니다. 예를 들어 '예'와 '아니오'(Y/N)만으로 선택지를 단순화하고 싶다면, 질문을 변경해 달라고 요청할 수 있습니다. 또 각 질문에 대해 답을 했을 때 1세트에서 1번 질문에 대한 대답에 따라 내향형인지 외향형인지를 판단하는 것처럼 어떤 결과 값을 의미하는 것인지에 대해서도 정해야 합니다. 그래서 두 번째 프롬프트는 위의 답에 대해 보완하는 내용으로 작성했습니다.

위 테스트의 로직을 설계해야 해. 각 세트의 질문에 답변을 선택할 때 어떤 결과 값(1세트의 경우 외향? 내향?)을 의미하는 것인지를 알려줘. 예를 들면 1세트에서 질문에 따라 내향형과 외향형으로 나눠줘.

1세트 : 내향형 (I), 외향형 (E)을 파악하기 위한 질문
질문 1 : 혼자서 계획을 세우고 시작한다 → 내향형 (I)
동료들과 의견을 나누며 시작한다 → 외향형 (E)
질문 2 : 혼자서 책을 읽거나 조용한 곳에서 시간을 보낸다 → 내향형 (I)
동료들과 대화하며 시간을 보낸다 → 외향형 (E)
질문 3 : 주로 혼자 읽는다 → 내향형 (I)
다른 사람들과 읽고 토론한다 → 외향형 (E)

테스트의 질문에 대한 설계는 어느 정도 완성된 것 같습니다. 구조를 머릿속에 정리하고 프롬프트를 설계하는 데 시간이 좀 걸리긴 했지만, 각 프롬프트를 입력하고 챗GPT의 답을 얻는 데 1분 정도밖에 걸리지 않은 것 같

네요. 이 로직을 복사해서 다른 부분에도 적용해 사용하면 됩니다. 다음 단계는 16개 성격 유형에 대한 결과 페이지를 구성할 차례입니다.

위의 질문을 토대로 16개 성격 유형이 결정되면 성격마다 적합한 책의 장르와 그 이유, 그리고 성격 유형에 따른 모임 방식(번개가 많은, 조용히 토론을 하는 등)을 추천하려고 해. 각 성격 유형에 따른 추천 장르와 모임 방식을 알려줘.

INTJ (Architect)

1. 책의 장르: 과학, 철학, 역사 등 분석적 사고를 요구하는 주제

2. 이유: 깊이 있는 분석과 이해를 추구하는 성향 때문에

3. 모임 방식: 주제에 대한 심도 있는 토론을 중심으로

INTP (Logician)

1. 책의 장르: 미스터리, 판타지, 과학 소설

2. 이유: 새로운 아이디어와 접근 방법을 좋아하기 때문에

3. 모임 방식: 자유롭게 아이디어를 공유하며 토론하는 방식

ENTJ (Commander)

1. 책의 장르: 자기계발, 리더십, 비즈니스 전략

2. 이유: 리더십에 초점을 맞춘 주제를 선호하기 때문에

3. 모임 방식: 목표 지향적이고 효율적인 토론

ENTP (Debater)

1. 책의 장르: 사회과학, 정치, 논쟁적인 주제의 책

2. 이유: 다양한 관점에서 토론하는 것을 좋아하기 때문에

3. 모임 방식: 열린 토론과 논쟁 중심

INFJ (Advocate)

1. 책의 장르: 심리학, 인간관계, 자기계발

2. 이유 : 사람의 마음과 감정에 관심이 많기 때문에

3. 모임 방식 : 깊이 있는 이야기 공유와 감정 공감 중심

INFP (Mediator)

1. 책의 장르 : 시, 소설, 판타지

2. 이유 : 감성과 상상력을 자극하는 책을 선호하기 때문에

3. 모임 방식 : 감정 공유와 상상력을 나누는 방식

ENFJ (Protagonist)

1. 책의 장르 : 자기계발, 인간관계, 리더십

2. 이유 : 다른 사람을 이해하고 도와주는 책을 선호하기 때문에

3. 모임 방식 : 활발한 토론과 서로의 의견 존중

ENFP (Campaigner)

1. 책의 장르 : 여행, 모험, 로맨스

2. 이유 : 새로운 것에 호기심이 많고 열정적이기 때문에

3. 모임 방식 : 자유로운 토론과 다양한 활동

ISTJ (Inspector)

1. 책의 장르 : 역사, 전기, 자기계발

2. 이유 : 체계적이고 사실에 기반한 책을 선호하기 때문에

3. 모임 방식 : 구체적이고 체계적인 토론

ISFJ (Defender)

1. 책의 장르 : 가족, 사회 문제, 실화

2. 이유 : 타인과 사회에 관심이 많기 때문에

3. 모임 방식 : 공감과 의견 공유 중심

ESTJ (Executive)

1. 책의 장르 : 비즈니스, 경영, 리더십

2. 이유 : 명확한 가이드 라인과 규칙을 선호하기 때문에

3. 모임 방식 : 목표 지향적이고 구조적인 토론

ESFJ (Consul)

1. 책의 장르 : 인간관계, 자기계발, 교육

2. 이유 : 타인을 도와주고 싶어하는 성향 때문에

3. 모임 방식 : 활발한 소통과 서로의 의견 존중

ISTP (Virtuoso)

1. 책의 장르 : 모험, 미스터리, DIY

2. 이유 : 현실적인 문제 해결에 관심이 있기 때문에

3. 모임 방식 : 실용적인 정보 공유와 토론

ISFP (Adventurer)

1. 책의 장르 : 아트, 여행, 로맨스

2. 이유 : 예술적이고 감성적인 책을 선호하기 때문에

3. 모임 방식 : 창의적인 활동과 감정 공유

ESTP (Entrepreneur)

1. 책의 장르 : 모험, 스포츠, 엔터테인먼트

2. 이유 : 활동적이고 현재 중심적인 책을 선호하기 때문에

3. 모임 방식 : 다양한 활동과 열린 토론

ESFP (Entertainer)

1. 책의 장르 : 로맨스, 코미디, 패션/뷰티

2. 이유 : 재미있고 감동적인 책을 선호하기 때문에

3. 모임 방식 : 유쾌한 분위기에서의 이야기 공유와 토론

각 성격 유형에 맞게 책의 장르와 모임 방식을 추천하였으며, 이를 통해 독서 모임의 효율과 즐거움을 높일 수 있을 것입니다.

이전과 다르게 챗GPT가 이번 질문에 대한 답을 제시하는 데 시간이 좀 걸렸습니다. 내용이 길어서 중간에 계속할 것인지를 묻는 버튼이 뜨기도 했고요. 이럴 때에는 '계속'이나 'continue'를 입력하면 이어서 답변을 출력해줍니다. 다음 단계는 질문을 좀 더 우리의 대상에 맞게 조정하고, 앞의 16개의 유형에 대해 각각 1페이지의 결과 페이지를 구성하는 겁니다. 그전에 보고해야 하는데 테스트 이름을 정하지 않았네요. 하지만 당황할 필요는 없습니다. 바로 챗GPT에게 물어보면 되니까요.

 이 테스트의 이름은 뭐가 좋을까? 테스트 이름을 몇 개 추천해줘.

1. "Reading Personality Explorer" (독서 성격 탐험가)
   - 독서 습관과 성격을 탐색하고 연결지어 주는 느낌을 주기 위한 이름입니다.
2. "BookMate MBTI" (북메이트 MBTI)
   - 책과 읽는 이의 케미스트리를 찾아주는 것처럼 연상시키는 이름입니다.
3. "Literary Soul Match" (리터러리 소울 매치)
   - 책과 독자의 '영혼의 매치'를 찾아준다는 의미에서 제안하는 이름입니다.
4. "ReadMe MBTI: Discover Your Reading Personality" (리드미 MBTI: 당신의 독서 성격을 발견하다)
   - 'Read Me'에 '읽어주세요'와 '나를 알아보세요'라는 두 가지 의미가 있어 다양한 해석이 가능한 이름입니다.
5. "Genre Genius: Uncover Your Reading Type" (장르 지니어스: 당신의 독서 유형을 밝혀내다)

> - 독서 장르와 개인의 성격을 연결지어주는 스마트한 느낌을 주기 위한 이름입니다.
>
> 이 중에서 적당한 이름을 골라 테스트의 전반적인 분위기나 콘셉트와 잘 맞춰보시면 좋을 것 같습니다!

조금 미안한 이야기지만, 이 정도면 새로 들어온 신입보다 나은 것 같습니다. 김 대리는 챗GPT가 제시한 이름 중 '북메이트 MBTI'가 마음에 들었지만, 최종 결정은 대표님에게 양보하기로 했습니다.

북메이트 MBTI에 참여하기

AI로 브랜드 사이트 만들기

이제 AI를 활용해 브랜드 사이트도 제작할 수 있습니다. 아마 챗GPT가 코딩을 해준다거나 프롬프트만 입력하면 바로 웹사이트 제작을 해주는 서비스에 대해 들어보셨거나 강의를 들어보신 분도 있을 겁니다. 그 전에 먼저 브랜드 사이트의 필요성에 대해 알아보겠습니다.

브랜드 사이트는 왜 필요한 거죠?

사이트가 있으면 좋겠지만 필요 여부에 의문이 드는 분도 있을 것 같네요. 사이트 제작 전에 왜 브랜드 사이트가 필요한지부터 생각해보겠습니다. 카페를 창업했다고 가정해보겠습니다. 카페를 브랜드화하고 온라인에서 브랜딩과 마케팅을 하기 위해 인스타그램에 포스팅을 하고 블로그에서 브랜드에 대한 스토리를 공유하고 스마트스토어로 원두나 직접 만든 굿즈 등을 판매하기로 했습니다. 소비자도 배달의민족이나 캐치테이블을 통해 메뉴를 확인하고 주문이나 예약을 할 수 있습니다. 문의 사항이 있다면 DM을 보내면 되니 편리합니다.

하지만 지금 네이버나 구글에 우리 브랜드를 검색했을 때 제대로 된 정보가 나올까요? 우리 브랜드가 알리고 싶은 내용이 최상단에 노출되고 있을까요? 고객과 지속적인 관계 형성을 위해 멤버십을 운영할 수도 있고 신 메뉴가 나올 때마다 할인 쿠폰을 보낼 수 있다면 그에 대한 정보가 잘 전달되고 있을까요? 혹시 단골손님 중에 우리 브랜드 가게를 프랜차이즈 형식으로 운영해보고 싶은 분이 있다면 문의 방법이 제대로 고지되고 있을까요?

우리 브랜드에 대한 경험을 원스톱one-stop으로 제공할 수 있는 곳이 브랜드 사이트입니다. 물론 모든 정보가 한 곳에 다 모여 있을 필요는 없습니다. 브랜드 사이트 중에는 회원 가입을 받지 않는 곳도 있고, 구매 기능이 없는 곳도 많으니까요. 하지만 전체 채널들을 대표할 수 있는 역할을 하는 곳은 분명 필요합니다. 이런 사이트가 네이버나 구글에서 검색을 했을 때 최상단에 나오게 하고 쇼핑이나 이벤트, 신 메뉴 등을 소개할 때 허브 역할을 합니다. 입사를 원하거나 사업 제안을 할 때 역시 가장 먼저 찾는 곳이 되어야 하는 것이 브랜드 사이트입니다. 결국 브랜드 사이트의 목적은 온라인에서 우리 브랜드를 대표하는 플랫폼을 만드는 것입니다.

브랜드 사이트의 필요성을 알았다면 이제 앞에서 말한 웹사이트를 제작해주는 서비스나 강의에 대해 이야기해보겠습니다. 하지만 이런 서비스와 강의도 처음엔 신기해서 도전해봤다가 이내 흥미를 잃고 포기하는 경우가 많습니다. 그것은 처음 챗GPT에 대해 흥미를 가졌다가 금방 잃어버렸던 이유처럼 실제 현실에 적용하기에는 여러 어려움이 많기 때문입니다. AI가 만들어준 사이트를 그대로 올리기도 어렵고 그렇다고 변경을 하자니 결국 기획이나 코딩, 디자인까지 배워야 하는 상황이 되니까요.

하지만 우리에게는 AI가 있습니다. 지금처럼 몇 가지 서비스를 조합해서 사용한다면 쉽게 브랜드 사이트를 만들 수 있습니다. 브랜드 사이트라는 요리의 레시피는 챗GPT와 Mixo입니다.

> Toy Project <

AI로 브랜드 사이트를
만들어보자

김 대리가 다니는 지니북에서는 고객 경험을 오프라인 공간으로 확장하기 위해 지니북Cafe라는 북카페를 만들기로 했습니다. 지니북의 회원이라면 누구나 지니북Cafe에서 책도 보고 독서 모임이나 다양한 이벤트도 진행할 수 있는 공간이죠. 회원이 아니라도 이용할 수 있지만 지니북 회원들은 등급에 따라 아메리카노 무료 쿠폰 등의 혜택을 받을 수 있습니다. 이 카페의 소식이나 메뉴를 소개하기 위해 간단한 브랜드 사이트가 필요한데, 김 대리가 MBTI 테스트를 뚝딱 만드는 걸 본 사장님은 브랜드 사이트 역시 김 대리에게 맡기기로 합니다.

　김 대리는 먼저 직접 코딩을 해서 브랜드 사이트를 만드는 법을 알아봤습니다. 하지만 코딩이라고는 〈HTML〉로 시작한다는 것밖에 몰랐던 김 대리는 직접 코딩을 했다가 수정 요청이라도 오면 대응이 안 될 것 같아 금방 포기하고 다른 서비스를 찾았습니다. AI 시대에 맞게 프롬프트 몇 줄만으로도 사이트를 제작해준다는 Mixo였습니다.

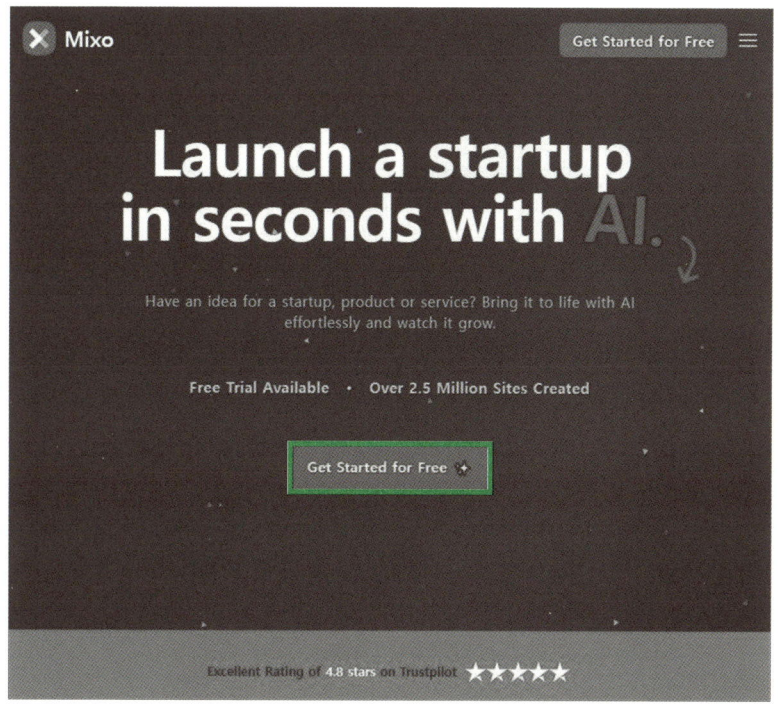

Mixo로 웹사이트 만들어보기: 김 대리가 홈페이지인 Mixo.io에 접속하니 위와 같은 화면이 나타났습니다. 단 몇 초만에 사이트를 제작할 수 있고 벌써 250만 개 이상의 사이트가 제작되었다고 소개하고 있습니다. 게다가 가입하지 않아도 웹 사이트를 만들 수 있다는 점이 눈길을 끌었습니다. 먼저 화면 정중앙에 있는 [Get Started of Free] 버튼을 클릭하자 What's your Startup Idea?'라는 질문이 나타났습니다. 김 대리는 북카페 사이트를 만들 것이므로 '독서와 함께 커피를 마실 수 있는 지니북Cafe'라고 입력하자 다음과 같은 화면이 나타났습니다.

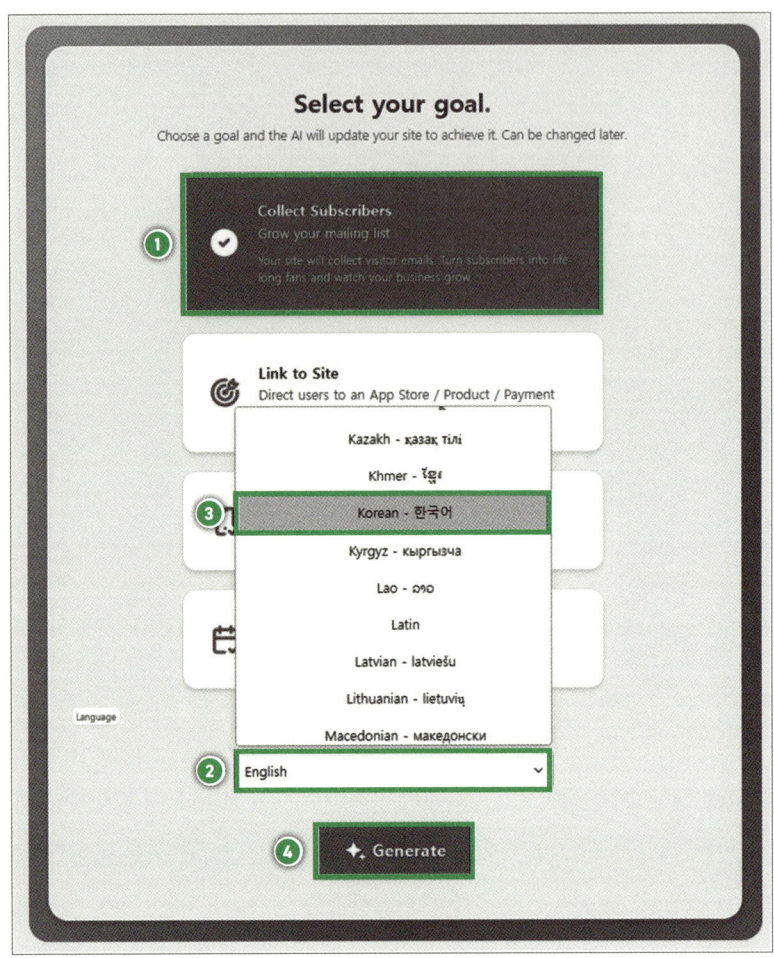

일단은 뉴스레터를 보낼 이메일 리스트 확보가 필요할 것 같아서 맨 위에 있는 ① 'Collect Subscribers를' 선택했습니다. 그리고 하단에 있는 ② 'English (Change)'를 누르고 스크롤 바를 내려 웹사이트의 언어를 ③ 한국어로 수정한 뒤 ④ [Generate] 버튼을 클릭했습니다. 로고와 카피, 이미지 등을 생성하고 있다는 메시지가 뜬 뒤 사이트를 만들어줍니다.

Mixo에서는 이렇게 만든 사이트를 직접 수정하고 호스팅을 할 수도 있더군요. 틈틈이 내용을 보완한다면 혼자서도 완성을 할 수 있을 것 같습니다. 브랜드 사이트를 만들 때는 우리 사이트 목적이 무엇인지, 우리 사이트가 던지는 메시지가 무엇인지를 늘 생각해야 합니다. 이 답이 명확해지면 나머지는 크게 어렵지 않을 것입니다. 두 핵심 내용을 숙지하고 이 방에 따라 추가로 필요한 카피나 콘텐츠가 있다면 챗GPT나 뤼튼 등을 활용해서 콘텐츠를 제작하고 Mixo 같은 사이트를 활용해 제작하면 쉽고 빠르게 브랜드 사이트를 만들 수 있을 것입니다.

Mixo로 만든 브랜드 사이트 확인하기

6장

AI로
나만의
비즈니스
만들기

> 우리의 이슈는 대체 가능하지 않은 상태가 되는 것입니다. 방법은
> 프로바이더가 되거나 크리에이터가 되거나 둘 중 하나입니다.
>
> ─ 송길영(빅데이터 전문가)

이 책을 읽고 있는 독자 분들은 왜 AI를 배우려 하시나요? 저는 AI 강의를 진행할 때면 수강생 분들께 이 질문을 꼭 하고 있습니다.

의외인 것은 제 강의를 듣는 분들의 연령대가 다소 높다는 것입니다. 40~50대인 분들이 꽤 많았죠. 만나서 이야기를 나눠 보면 공통점은 나이보다 다른 것에 있었습니다. 현재 진행하고 있는 사업에 도움을 받고 싶다거나 AI를 통해 1인 창업가나 N잡러가 되고 싶다는 것이었죠. 즉 AI를 통한 수익화를 내려고 한다는 것입니다. 좀 더 나아가면 '생존'을 위해 강의를 듣는다고 할 수 있죠.

이유는 명확합니다. 다들 퇴사를 생각하기도 하고, 평생 직장이라는 개념이 사라지면서 자의든 타의든 내 비즈니스를 시작하게 된 분들도 많거든요. 앞서 살펴본 대로 제안서 작성은 사업계획서 작성에 응용할 수 있을 것이고, 브랜드 사이트 제작이나 상세 페이지 등은 내가 파는 아이템에 대한 소개와 판매에 활용할 수 있습니다. 글쓰기도 내 브랜드를 소개하는 블로그를 운영하는 데 활용하거나 개인 브랜딩에 사용해볼 수 있겠죠.

다만 이러한 내용들은 주로 '생산성'과 관계가 있습니다. 내 '비즈니스'를 생각한다면 생산성 외에 자본도 필요하고, 고객도 확보해야 하죠. 그럼 AI는 비즈니스에 어떤 도움이 될 수 있을까요? 1장에서 AI보다 먼저 '요즘 마케팅'에 대해 먼저 알아야 한다고 말씀드렸는데요. 같은 맥락에서 이번 장에서는 요즘 비즈니스와 AI에 대해 다뤄보도록 하겠습니다.

정말 무자본으로
돈을 벌 수 있을까?

경제적 자유의 실현이나 N잡러가 되고 싶다면 '무자본 창업'에 관심이 많으실 것 같네요. 내가 잠을 자고 있을 때도 수익이 발생되는 파이프라인을 만들 수 있거나 하루 몇 시간만 일하고 월급보다 많이 벌 수 있다는 책이나 강의들이 많죠. 정말 무자본으로 수익을 창출하는 것이 가능할까요? 그 전에 자본과 창업의 관계에 대해 잠깐 살펴보겠습니다.

전통적인 창업 모델은 상당한 초기 투자를 필요로 합니다. 폐점률이 제로에 가깝다는 모 치킨 업체의 배달 전문 매장 개설 비용은 약 7500만 원입니다. 저가 커피로 유명한 모 카페 업체의 개설 비용은 10평을 기준으로 약 6000만 원입니다. 하지만 이게 다가 아니죠. 실제 창업을 하려면 매장 임대료와 보증금, 마케팅비, 인건비 등을 추가로 생각해야 하거든요. 프랜차이즈가 아니라도 내 가게를 차별화할 수 있는 시그니처 메뉴나 인테리어를 갖추는 비용을 고려해야 하죠.

따라서 20~30대에 열심히 저축을 해서 종자돈을 만든 후에 이 돈으로 카페, 편의점, 치킨 등의 프랜차이즈 가맹점을 시작하는 것이 일반적입니다. 이 돈은 대부분 (가맹을 통한) 브랜드 인지도와 좋은 상권(매장)을 얻는 데 들어가게 됩니다. 물론 이것도 종자돈이 있을 경우 선택 가능한 옵션입니다. 간단히 정리해보면 아래와 같습니다.

    1) 종잣돈을 투자해 좋은 상권에 매장을 낸다.
    2) 오가는 고객들에 상품을 판다.
    3) 판매에 대한 수수료로 수익을 남긴다.

그런데 이제 무자본 창업이 가능한 시대라고 합니다. 무자본 창업에는 여러 가지가 있지만 블로그, 유튜브, 인스타그램 등 내 채널에 방문자를 유입시키면 구글이나 네이버, 또는 쿠팡 등이 정산을 해주는 모델이 대표적이죠. 이 방법이 '무자본'이 된 이유는 간단합니다. 지대$_{ground\ rent}$가 사라졌거든요. 앞서 살펴본 대로 전통적 창업에서 가장 많은 비용을 차지하는 것은 결국 임대료와 인테리어입니다. 우리가 스타벅스에서 커피를 마시거나 성수동이나 연남동 등 유행하는 장소인 힙플$_{hip\ place}$에서 디저트를 먹을 때, 우리가 낸 돈의 대부분은 건물주에게 가죠. 온라인 창업의 경우 이 돈이 들어가지 않으니 무자본 창업이 가능한 겁니다. 정리해보면 아래와 같습니다.

    1) 블로그나 유튜브 등에서 내 채널을 만든다.
    2) 오가는 고객들이 콘텐츠(정확히는 광고)를 본다.
    3) 광고에 대한 수수료로 수익을 남긴다.

트래픽으로 돈을
벌 수 있다는 착각

오프라인에 매장을 내듯 블로그나 유튜브에 내 채널을 만들고 고객이 내 채널에 방문할 때마다 돈을 받습니다. 흔히 조회수 장사라고도 하죠. 다만 오프라인 매장과의 차이점은 채널 개설에 돈이 들지 않는다는 점입니다. 그래서 이런 블로그나 카페, 유튜브 등을 건물주에 비유하는 분들도 있는데요. 문제는 진입 장벽이 낮은 만큼 경쟁이 치열하고 수익을 만들기도 쉽지 않다는 점입니다. 파워 인플루언서나 유튜브 실버 버튼을 받을 정도가 아니라면 트래픽을 통해 유의미한 수익을 발생시키기란 어렵습니다.

이러한 현실을 체감하고 나면 무자본 창업이라는 말은 허상이라는 결론을 내릴 수도 있습니다. 하지만 정확히 말하면 트래픽 기반 모델의 한계입니다. 하루 한 개 콘텐츠를 만들기도 어려운 가내수공업을 하면서 박리다매형 모델을 추구한다는 것은 어불성설이죠. 따라서 우리는 트래픽이 아니라 콘텐츠 자체를 팔아야 합니다.

콘텐츠 비즈니스 모델 만들기

정리하자면 무자본 창업을 하려면, 아니 무자본으로 수익을 내려면 결국 콘텐츠를 만들어야 합니다. 하지만 콘텐츠를 트래픽으로 바꿔서 수익을 만드는 것이 아닌, 콘텐츠 자체를 수익으로 전환하는 방식이 훨씬 효율적이죠. 이 방식의 대표적인 사례로는 전자책 판매가 있고 그 외에도 네이버 프리미엄 콘텐츠, 강의, 1:1 코칭 등으로 다변화시켜 수익을 확대할 수 있습니다.

    콘텐츠 비즈니스의 장점은 지식이나 재능의 오픈마켓인 '재능마켓'들을 활용해서 잠재고객을 좀 더 쉽게 만날 수 있다는 점입니다. 전자책과 강의를 판매하는 채널로는 크몽이나 탈잉이 있습니다. 크몽은 프리랜서 마켓이지만 전자책 부분의 규모가 커 많은 고객을 확보할 수 있고 탈잉은 직무와 N잡러, 취미 등 다양한 분야의 강의와 전자책을 판매하는 데 적합합니다. 인프런Inflearn은 직무 관련 온라인 강의 재능마켓이니 참고하시면 좋습니다. 이 외에도 여러 채널이 있으니 내가 판매하려는 콘텐츠 분야에 맞는 채널을 선택하시기 바랍니다.

    우리의 첫 번째 과제인 '자본'의 문제는 해결된 것 같으니 다음은 '아이템'의 문제를 살펴봐야겠네요.

누가 그리고 왜 나의 콘텐츠를 구매할까?

이 글을 보시는 분들도 콘텐츠 비즈니스 자체가 새롭지는 않을 듯합니다. 하지만 나에게 판매를 할 수 있을 만한 콘텐츠가 있을지 의문이 들고 재능마켓에서 다른 사람들의 전자책 등을 왜 구매하는지는 이해되지 않을 수 있습니다. 그것은 기본적으로 **소비자들은 나에게 맞춤화된 콘텐츠를 원하기 때문**입니다. 한마디로 떠먹여주는 콘텐츠이기 때문에 팔리고 통한다고 할 수 있죠. 예를 들어 예전에는 드라마나 방송 프로그램이 끝나면 해당 프로그램 이름이 실시간 검색 순위에 오르는 경우가 많았습니다. 시청자들이 프로그램에 나온 맛집이나 출연자, 콘텐츠 등 프로그램과 관련된 정보들을 검색했기 때문입니다. 블로거 중에는 이런 시청자의 니즈를 간파하고 프로그램과 관련된 포스팅을 발행해 트래픽을 늘리는 데 활용하는 이들이 많았습니다. 이것이 맞춤화된 콘텐츠의 위력입니다. 여기에 또 소비자들이 구매까지 하게 만들기 위해 맞춤화라는 요소 외에도 소비자가 돈을 더 벌 수 있게 해주거나 소비자가 일을 잘하도록 도움이 되는 정보를 제공하면 더욱 유입을 늘릴 수 있습니다. 이러한 점을 종합해보면 결국 우리의 고객은 항상 돈이 되는 것을 찾는 사람들입니다.

흔히 쓰는 표현으로 요즘은 단군 이래 그 어느 때보다 N잡을 하려는, 퇴사를 하려는 사람이 넘쳐나는 때입니다. 따라서 우리의 잠재고객들은 현재와 미래의 모든 직장인입니다. 이들을 소비자라고 칭하기는 다소 애매합니다. 그들은 내가 제공하는 상품을 소비하는 것이 아니라 자신의 이익 창출을 원하는 것이니까요. 이들을 '이익추구자'라고 정의해보죠. 이익추구자들이 한 권에 수십만 원이나 하는 전자책을 사는 이유는 소비가 아닌 자신을 위한 투자라고 믿기 때문입니다. 길에서 천 원짜리 한 장 빌리기도 쉽지 않은 세상이지만 좋은 투자처가 있다고 하면 수십억도 맡기는 것이 현실입니다. 따라서 콘텐츠로 수익을 내려면 이익추구자들을 위한 맞춤 정보를 제공하는 것이어야 합니다. 만약 내가 이런 맞춤 정보를 담은 콘텐츠를 스스로 만들 수 있을지 의문이 든다면 자신의 가장 큰 장점이 이런 콘텐츠에 관심이 많다는 점을 생각하면 됩니다. 어쩌다 마케터인 독자 여러분은 '일잘러'를 위한 책을 샀고, '경제적 자유' 만들기를 위한 부분을 읽고 있으니까요.

AI로 콘텐츠 크리에이터 되기

지금까지는 콘텐츠를 만들기 전에 알아야 할 기본 개념을 다지고 직장인에서 사업가로 마인드셋을 바꾸는 법을 이야기했으니 지금부터는 AI로 전자책과 영상을 만드는 방법을 소개해드리겠습니다. 앞에서처럼 캡처 화면과 설명을 따라 차근차근 따라해보시기 바랍니다.

AI로 전자책 쓰기

세상에는 매일 저녁마다 틈틈이 글을 써서 종이책과 전자책을 1년에 여러 권 썼다는 분들이 있습니다. 그리고 그렇게 책 쓰는 방법을 소개하는 책도 있지만 그것을 따라할 수 있는 사람은 많지 않습니다. 하지만 그렇다고 해보기도 전에 포기해야 할 이유는 없습니다. 그들처럼 글쓰기 능력은 없어도 우리에게는 지금까지 그랬듯이 AI가 있습니다. 챗GPT를 비롯한 언어모델을 활용해 아이디어 구상부터 초안 작성까지 빠르고 쉽게 집필할 수 있습니다.

(1) 주제 선정 및 아웃라인 생성

AI는 주제 선정과 아웃라인 구성에서 큰 도움을 줄 수 있습니다. 예를 들어 사용자가 관심 있는 키워드를 입력하면 AI는 관련 주제를 제안하고 이를 바탕으로 구체적인 아웃라인을 생성할 수 있습니다. 이 아웃라인은 향후 글의 구조를 세우는 데 기초가 됩니다. 일단 전자책을 만들기 위한 아이디어부터 확인해봐야겠습니다. 챗GPT를 활용해보죠.

마케터를 위한 전자책을 만들려고 해. 어떤 전자책이 흥미를 끌 수 있을지에 대한 아이디어를 제시해줘.

마케터를 위한 전자책 아이디어를 제안드리겠습니다. 마케팅 분야는 빠르게 변화하고 있으며, 혁신적인 전략과 기술에 대한 관심이 높습니다. 다음은 마케터들의 관심을 끌 수 있는 전자책 아이디어입니다.

1. "디지털 마케팅 혁신: 2024년을 지배할 전략"
최신 디지털 마케팅 트렌드, 도구, 전략에 대해 다루며, 2024년에 주목해야 할 기술과 방법론을 소개합니다. 인공지능, 빅데이터, 개인화 마케팅 전략 등이 포함될 수 있습니다.

2. "소셜 미디어 마케팅의 모든 것: 플랫폼별 가이드와 성공 사례"
다양한 소셜 미디어 플랫폼별 최적의 마케팅 전략을 제시하며, 실제 성공 사례를 통해 효과적인 소셜 미디어 활용법을 탐구합니다.

3. "콘텐츠 마케팅의 기술: 창의적인 내용으로 고객을 사로잡는 법"
창의적이고 매력적인 콘텐츠를 기획하고 제작하는 방법을 소개하며, 이를 통해 타깃 오디언스의 관심을 끄는 전략을 다룹니다.

4. "마케터를 위한 데이터 분석 : 데이터로 마케팅 전략을 최적화하는 법"
데이터 분석의 기초부터 고급 분석 기법까지, 마케팅에서의 데이터 활용 방법과 전략을 다루며, 실제 사례를 통해 효과적인 응용 방법을 제시합니다.

5. "브랜드 스토리텔링 : 강력한 내러티브로 고객과의 관계 형성"
스토리텔링을 통한 브랜드 구축과 고객 참여 증대 방법을 탐구하며, 성공적인 브랜드 스토리텔링 사례를 소개합니다.

6. "인플루언서 마케팅의 A to Z : 효과적인 캠페인 구축 전략"
인플루언서와의 협력 방법, 캠페인 기획, 성과 측정 등 인플루언서 마케팅의 전 과정을 다루며, 실제 성공 사례를 통해 핵심 요소를 분석합니다.

이러한 전자책들은 마케터들에게 최신 트렌드와 실용적인 전략을 제공하며, 마케팅 분야에서의 성공을 위한 심도 있는 인사이트를 제공할 수 있습니다.

트렌드에도 잘 맞고 꽤 재미 있는 주제를 많이 제안한 것 같습니다. 오히려 실제 내용이 주제를 따라갈 수 있을까 싶을 정도네요. 마음에 드는 주제가 없다면 나의 관심사를 추가로 제공하면서 조율해 나갈 수가 있습니다. 아울러 AI에게 지시를 할 때는 이 글을 읽는 독자에게 어떤 반응을 기대하는지에 대한 내용을 구체적으로 작성하는 것이 좋습니다. 예를 들어 '흥미로운' '클릭을 유도할 수 있는' '잘 모르는' 등의 수식어를 사용하면 됩니다. 하지만 어디까지나 AI와 함께 만드는 것이지 AI가 100% 만들어주는 것은 아니니 내 생각을 적극적으로 반영해서 내가 끝까지 끌고 갈 수 있는 주제를 선택해야 합니다.

(2) 콘텐츠 생성 및 편집

주제가 선정되면 이에 대한 개요를 만들고 콘텐츠를 작성합니다. 여기서는 '브랜드 스토리텔링'에 대해 관심이 있으니 챗GPT에 개요를 요청했습니다.

5번 브랜드 스토리텔링에 대한 내용으로 마케터를 대상으로 한 전자책의 개요를 작성해줘.

물론입니다. "브랜드 스토리텔링: 강력한 내러티브로 고객과의 관계 형성"이라는 제목의 마케터 대상 전자책의 개요를 다음과 같이 작성할 수 있습니다.

전자책 개요: "브랜드 스토리텔링: 강력한 내러티브로 고객과의 관계 형성"

1. 서론: 브랜드 스토리텔링의 중요성
브랜드 스토리텔링의 개념과 중요성 소개
스토리텔링이 고객 참여와 브랜드 충성도에 미치는 영향

2. 브랜드 스토리의 구성 요소
효과적인 스토리의 요소: 캐릭터, 설정, 갈등, 해결
브랜드 메시지와 가치를 통합하는 방법
감정적 연결과 공감대 형성 전략

3. 스토리텔링 전략 개발
타깃 오디언스 이해와 맞춤형 스토리 개발
스토리 아이디어 창출 및 구체화 방법
다양한 미디어 채널을 통한 스토리 전달 방법

4. 성공적인 브랜드 스토리 사례 분석

다양한 산업 분야의 성공 사례 연구

각 사례에서의 핵심 전략과 실행 방법

사례를 통한 교훈 및 실용적 권장 사항

5. 스토리텔링과 디지털 마케팅

소셜 미디어, 블로그, 비디오 콘텐츠 등을 활용한 스토리텔링

디지털 마케팅에서 스토리텔링의 효과적인 통합

온라인 커뮤니티와의 상호작용 강화

6. 브랜드 스토리텔링의 도전과 기회

흔히 발생하는 문제점과 해결 방안

브랜드 스토리텔링의 미래 전망 및 기회

7. 결론 : 스토리텔링으로 브랜드 가치 창출

스토리텔링을 통한 브랜드 아이덴티티 강화

지속적인 고객 참여와 브랜드 충성도 증진 방법

8. 부록

스토리텔링 관련 자원 및 도구 목록

추가 독서 및 학습 자료

이 개요는 브랜드 스토리텔링의 전반적인 개념부터 실제 적용 방법, 성공 사례 분석까지 포괄하고 있어 마케터들이 이 주제에 대해 심도 있게 이해하고 자신의 브랜드에 적용할 수 있는 방법을 찾는 데 도움을 줄 것입니다.

챗GPT가 만들어준 개요를 토대로 적절히 내용을 가감해서 나만의 전자책에 대한 개요를 만들 수가 있습니다. 이후 개요가 완성되면 각 챕터별로 원하는 분량의 글을 작성하도록 지시하고 문체나 맞춤법 등을

확인한 후 내용 작성을 완료할 수 있겠네요.

전자책을 만들 때 분량은 대체로 30~40페이지 정도가 적절합니다. 노하우가 쌓이게 되면 100페이지 정도의 분량을 작성하기도 하지만 초기에는 일단 완성에 초점을 맞추는 것이 좋습니다. 아울러 최종적인 전자책을 완성하기까지는 지속적인 퇴고 과정을 거쳐야 합니다. 저는 목차나 각 단계의 원고를 PDF로 만들어 아이패드에서 노타빌리티 앱에 저장한 뒤 틈틈이 첨삭하며 원고를 수정하고 있습니다. 만약 태블릿이 없다면 출력을 해도 됩니다. PC 화면으로 봐도 되지만 가만히 앉아 워드나 한글 문서로 볼 때와는 또 다른 느낌이 드는데 이럴 때 새로운 아이디어들이 많이 떠오르는 편이라 이 과정을 여러 번 거칠수록 원고는 점점 내 목소리를 더욱 정확하게 담게 됩니다.

(3) 디자인하고 포맷팅하기

내용이 완료되면 표지를 만들고 앞에서 설명한 전자책을 판매하는 크몽이나 탈잉 같은 채널에 등록할 수 있습니다. 만약 유페이퍼 같은 곳을 통해 출판하려는 것이 아니라면 전자책은 책 표지보다는 미리보기나 상세 페이지가 더 중요하니 상세 페이지를 만드는 방법을 소개한 5장의 내용을 확인하시면 좋겠습니다.

이때 본문에 텍스트뿐만 아니라 참고할 그래프나 이미지가 있다면 독자에게 좀 더 신뢰감을 줄 수 있습니다. 저작권 여부를 고려해서 본문에 넣고 만약 이미지를 넣기 힘들다면 달리나 미드저니, 어도비 파이어플라이 등을 활용해서 참고할 만한 일러스트를 넣을 수도 있습니다.

AI로 영상 제작하기

전자책과 함께 최근 관심이 많아진 콘텐츠가 숏폼입니다. 숏폼의 경우 틱톡에서 시작해 최근 유튜브 쇼츠, 인스타그램의 릴스, 네이버의 클립까지 대부분의 플랫폼에서 지원하고 있죠. 따라서 숏폼을 만들어서 다양한 채널에서 동시에 공개하면 큰 파급효과를 기대할 수 있습니다. 또 최근에는 이런 라이브 방송을 통해 상품을 파는 경우가 많아지면서 숏폼 영상을 홍보 목적으로 사용하려는 분들도 많이 늘었죠.

우리는 여기서 Vrew라는 AI 영상 제작 툴을 사용해 영상을 만들어보겠습니다. 이 서비스는 만들고 싶은 영상에 대한 개요만 입력해도 영상을 만들어 주지만 스크립트(대본) 입력 시에는 좀 더 내가 원하는 목적에 맞는 영상을 만들 수 있습니다. 챗GPT를 다양한 기획 영역에 활용해온 우리에게는 안성맞춤이죠. '당신도 출간 작가가 될 수 있다'라는 주제의 영상을 만들어보겠습니다.

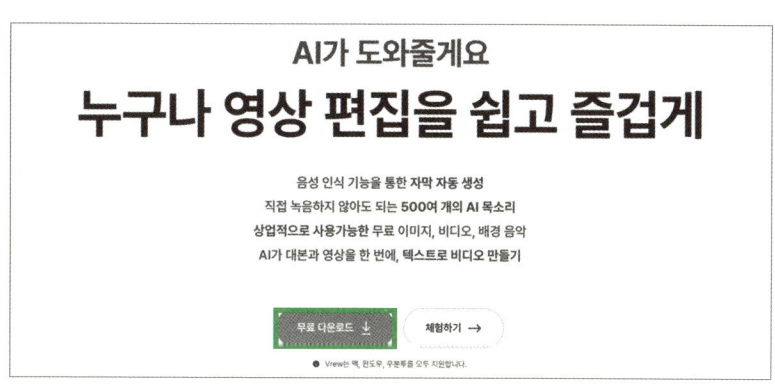

사이트 가입 및 앱 다운로드 하기: Vrew.ai에 접속해서 메인 화면에 있는

[무료 다운로드] 버튼을 클릭해 설치 프로그램을 다운로드하고 설치합니다. 앱을 다운로드하지 않아도 영상을 만들 수 있지만 제작한 영상을 받을 수는 없습니다. 만약 테스트만 진행할 목적이라면 웹상에서 진행해도 상관 없습니다. 오히려 충분히 연습해서 시스템을 숙지한 뒤에 결과물을 만들어내는 것도 방법입니다. 처음부터 목적을 정하고 시작하기보다 가벼운 마음으로 살펴보며 접근하면 더 좋은 결과가 나타나기도 합니다.

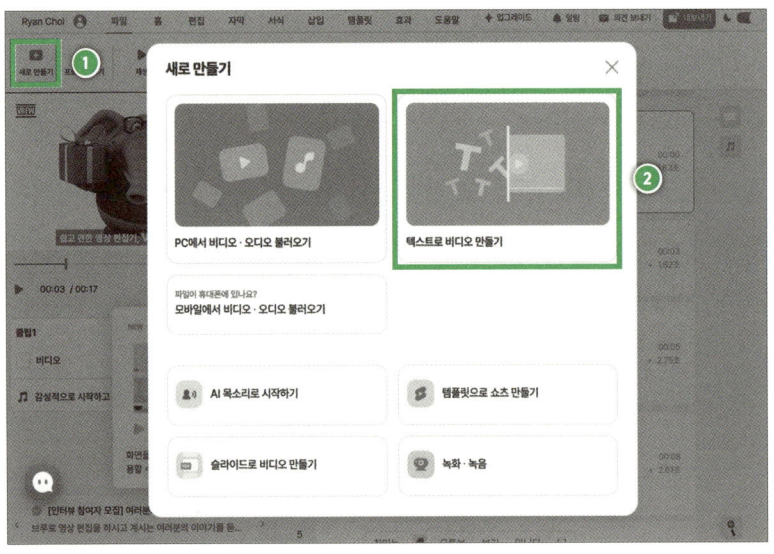

영상 스타일 정하기: 상단 메뉴에서 ① [새로 만들기] 버튼을 클릭하면 위와 같은 팝업 화면이 나타나는데, ② '텍스트로 비디오 만들기'를 실행하면 됩니다.

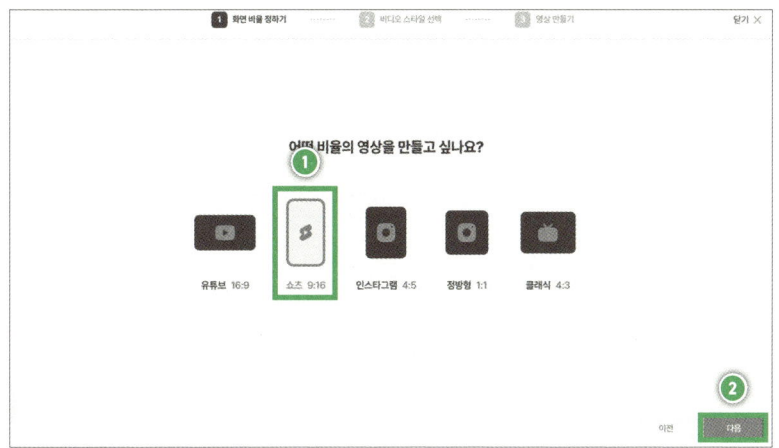

먼저 '화면 비율 정하기'에서는 그림처럼 유튜브, 쇼츠, 인스타그램, 정방형, 클래식 비율의 영상을 정할 수 있습니다. 만들고자 하는 영상의 성격에 따라 비율을 선택하면 됩니다. 저희는 쇼츠를 만들기로 했으니 ① '쇼츠 9:16'을 선택한 뒤 우측 하단의 ② [다음] 버튼을 누르면 됩니다.

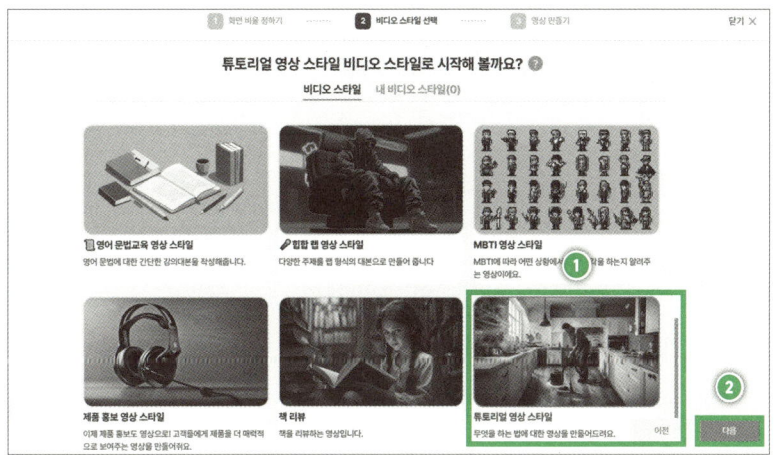

다음으로 '비디오 스타일 선택'에서는 스타일을 선택할 수 있습니다. 이것 역시 만들고자 하는 영상의 성격에 따라 선택해 사용할 수 있습니다. 처음 영상을 만드는 것이니 여기서는 먼저 ① '튜토리얼 영상 스타일'을 선택하고 ② [다음] 버튼을 클릭했습니다.

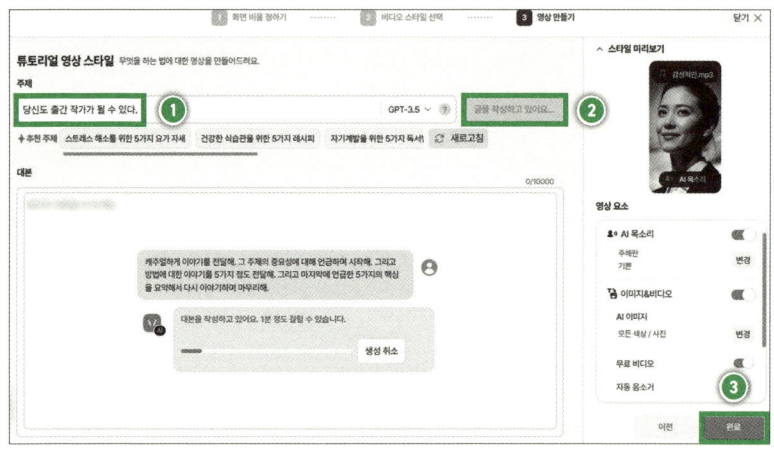

영상 만들기: 주제에 ① '당신도 출간 작가가 될 수 있다'라고 입력한 뒤 [AI 글쓰기] 버튼을 클릭하면 지금처럼 ② '글을 작성하고 있어요'라는 메시지가 나타납니다. 참고로 Vrew는 대본 작성에 챗GPT를 활용하는데 GPT3.0은 기본 제공이고 GPT4.0은 유료입니다. 주제를 입력하니 위와 같은 메시지가 나타나고 대본을 작성중이라는 문구가 나타납니다. Vrew가 작성해준 대본을 화면에서 직접 수정할 수 있습니다. 또 화면의 오른쪽 부분에서는 목소리, 이미지, 배경 음악 등 영상 요소를 취향에 맞게 설정할 수 있습니다. 모든 것이 마무리되고 ③ [완료] 버튼을 클릭하자 '대본에 어울리는 메시지를 생성하고 있다'는 메시지

가 나옵니다.

영상 편집 및 내보내기: 영상이 만들어지면 클립 별로 살펴보며 영상 편집 프로그램처럼 수정할 수 있습니다. 이 화면에서는 이미지나 자막, 성우를 변경할 수 있고 배경 음악과 폰트 등도 교체할 수 있습니다. 또 영상의 시간도 조정할 수 있습니다. 수정하고 싶은 내용이 반영되면 상단 오른쪽에 있는 [내보내기] 버튼을 클릭해서 다양한 포맷의 파일로 다운로드할 수 있습니다.

챗GPT를 활용한 스토리보드 작업

Vrew처럼 텍스트를 비디오로 전환해주는 AI는 초보자가 다소 어려워할 더빙이나 배경 음악, 편집까지 모두 해결해준다는 장점이 있지만 대본에는 좀 아쉬움이 있습니다. 물론 Vrew가 만들어준 대본 내용을 직접 수정하는 것도 가능하지만 이제 우리는 그런 방식으로 일하지 않죠.

Vrew처럼 챗GPT를 사용하되 지시를 조금 더 구체화한다면 더 좋은 결과를 얻을 수 있습니다. '당신도 출간 작가가 될 수 있다'를 주제로 챗GPT에서 대본을 만들어보겠습니다. 제 생각에 챗GPT의 글은 다소 개념적인 내용으로 시작해서 교훈적인 내용으로 끝내는 경향이 있어서 가급적 짧은 영상에 어울리는 직접적인 How-To와 사례 중심으로 제시를 해달라고 했습니다. 이 프롬프트는 각자의 스타일에 맞게 수정해서 사용하면 됩니다.

쇼츠를 제작할 거야. 이 영상의 작가가 돼서 스크립트를 작성해줘.

주제: 당신도 출간 작가가 될 수 있다. 1분 정도 분량의 유튜브 쇼츠 스크립트를 작성하고 처음 10초 이내에 주제와 관련된 핵심적인 내용을 흥미롭게 전달해줘. 이후의 내용은 개념에 대한 내용보다는 How to 또는 예시를 제시하고 각 문장은 가급적 짧고 친절했으면 좋겠어.

 물론이죠! 아래는 "당신도 출간 작가가 될 수 있다"는 주제로 1분 분량의 유튜브 쇼츠 스크립트입니다. 이 스크립트는 첫 10초 안에 주제를 흥미롭게 소개하고, 이후에는 주로 실용적인 조언과 예시로 구성되어 있습니다.

[0:00-0:10 초]
화면에 책과 타자기가 보이며, 배경음악 시작
내레이션: "꿈꾸던 작가의 세계, 여러분도 도전할 수 있습니다. 지금 바로 시작해볼까요?"

[0:10-0:20 초]
화면 전환: 사람이 컴퓨터로 글을 쓰는 모습
내레이션: "첫걸음은 글쓰기부터! 매일 조금씩 아이디어를 기록하세요."

[0:20-0:30 초]
화면에 전자책과 종이책이 보임
내레이션: "글이 모이면, 자신만의 책을 만들어볼 시간이에요. 전자책이든 종이책이든 꿈을 현실로!"

[0:30-0:40 초]
화면에 편집 과정이 보임
내레이션: "좋은 책은 편집에서 태어납니다. 글을 다듬고, 매력적인 표지

를 선택하세요."

[0:40-0:50 초]

화면에 마케팅 전략, 소셜 미디어 홍보 장면

내레이션: "이제 세상에 당신의 책을 알릴 시간! 소셜 미디어, 서평, 이벤트로 홍보해보세요."

[0:50-1:00 초]

화면에 성공한 작가의 이미지와 인터뷰 클립

내레이션: "많은 이들이 이미 성공의 길을 걸었습니다. 당신도 할 수 있어요. 지금 시작해보세요!"

이 스크립트는 각 단계별로 간결하고 친절하게 조언을 제공하여 시청자들이 출간 작가가 되는 과정을 쉽게 이해하고 동기부여를 받을 수 있도록 구성되었습니다.

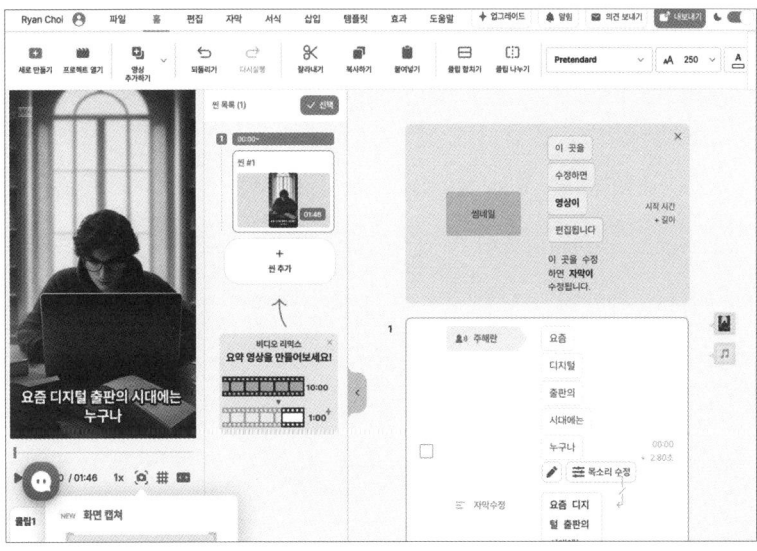

챗GPT가 내놓은 대본을 보고 분량이나 추가로 들어갔으면 좋겠다고 생각하는 내용이 있다면 Vrew의 다양한 옵션을 활용하면 됩니다. AI를 활용할 때는 하나만 사용하기보다 최대한 다양한 AI와 검색을 함께 활용해서 가장 좋은 요소들을 활용하는 것이 좋습니다. 아울러 다른 영상들을 보면서 내가 제작하는 영상과는 무엇이 다를까 비교하면서 보완하는 것이 필요합니다.

스크립트가 완성되면 필요한 이미지도 직접 만들 수 있습니다. 챗GPT가 만들어준 스크립트에서는 어떤 이미지가 좋을지에 대한 의견(?)도 있으니 참고해서 미드저니에서 직접 작업을 하거나 언스플래시 같은 무료 이미지 소스를 제공해 주는 곳에서 파일을 다운로드하고 작업을 할 수 있습니다.

Vrew에는 다양한 성우 목소리가 있지만 내 목소리를 활용할 수도 있습니다. 직접 녹음을 할 수도 있지만 매번 녹음을 하는 것이 번거롭다면 역시 AI의 도움을 받을 수 있죠.

일레븐랩스ElevenLabs에서는 텍스트로 내 목소리를 생성TTS, Text To Speech할 수 있습니다. 즉, 목소리를 등록해두면 스크립트만으로 내 목소리로 된 음성 파일을 얻을 수 있다는 뜻입니다. 일레븐랩스 elevenlabs.io에 접속해 회원가입을 합니다. 로그인을 한 뒤 Voice Lab이라는 메뉴를 클릭합니다. 순서대로 'Add Generative or Cloned Voice'과 'Instant Voice Cloning'을 선택하면 내 목소리 샘플을 올릴 수 있습니다. 총 25개까지의 파일을 올릴 수 있는데, 총 길이는 1분 이상이어야 합니다. 제작이 완료되면 이후에는 성우가 아닌 내 목소리로 만든 영상을 올릴 수 있겠죠.

예전에 〈냉장고를 부탁해〉라는 프로그램이 있었죠. 우리집 냉장고에 흔히 있을 만한 재료를 가지고 셰프들이 새롭게 만드는 걸 보여주는 예능이었습니다. LLM에 대해서도 이런 이야기를 합니다. 어차피 모든 인간의 말과 글은 26개의 알파벳 조합이므로 AI가 흉내내지 못할 이유가 없다고 말이죠.

결국, 최종적인 결과물은 우리가 얼마나 창의적인 비율, 즉 나만의 레시피를 찾아내느냐에 달려 있는 것인지도 모르겠습니다. AI는 우리가 좀 더 빨리, 좀 더 쉽게 요리를 만들기 위한 하나의 '모듈'을 제공하는 것이죠. 이런 요소들을 얼마나 잘 활용하느냐가 결국 AI를 잘 활용하는 법이 아닐까요?

에필로그

마케터가 이렇게 많은 일을 한다고요?

앞에서 저는 이 책을 작은 브랜드에서 일하는 어쩌다 마케터들을 위한 책이라고 소개했습니다. 작은 회사에는 내 일, 네 일이 없다지만 아무리 그래도 기획은 물론 콘텐츠 제작이나 카피라이팅 작성, 웹사이트 제작까지 너무 많은 분야의 일들을 '마케터의 일'이라고 넣어 놓은 것이 아닌가 생각하실 수도 있을 것 같습니다. 하지만 이제 인스타그램이나 유튜브 등 SNS 채널 관리는 필수이고 마케터가 쇼핑몰 운영이나 상품 개발에도 관여해야 하는 게 당연한 세상입니다. 이 책에서는 제안서만 다뤘지만 현장에서는 엑셀이나 워드 등을 함께 사용해서 작성해야 할 문서도 많죠. 마케팅을 자동화하는 여러 툴이 있고 더 많은 사람과 온라인에서 서로 연결되면서 처리해야 할 일들은 기하급수적으로 늘고 있습니다.

이런 상황은 직장에서 승진을 하는 것과 비슷합니다. 사원은 내 일만 신경 쓰면 되지만 팀장이 되면 팀원들의 일도 살펴보고 팀 전체의 방향을 결정해줘야 합니다. 임원이 된다면 다시 여러 팀의 일을 봐야 하죠. 개별적인 업무에 투입할 수 있는 시간은 점점 줄어듭니다. 요즘에는 팀장이 되기 싫어 하는 경우도 많고, 그냥 독립을 하면 되지 않느냐고 되물을 수도 있지만 그 길 역시 마찬가지입니다. 오히려 1인 기업가가 된다면 혼자 전략을 세우고 세금 신고에서 택배 포장까지 직접 해야 하는 등 일이 더 늘어날지도 모르죠.

많은 일들이 자동화가 된다면 우리는 이런 상황에 익숙해져야 합니다. 다행히 우리에겐 AI가 있습니다. AI와 함께한다면 브레인스토밍도 풍부해지고 내가 판단을 내릴 수 있는 여러 근거를 더욱 빠르게 분석할 수 있죠. 하지만 생성의 능력을 잘 활용하기 위해 우리는 생각을 더 발전시켜야 합니다. 그리고 마케터의 일은 결국 고객을 창출하는 일이라고 봤을 때, 우리 생각, 그 영감inspiration과 개념concept의 출발점은 고객이 되어야 합니다. 고객은 무엇에 반응하는지, 시장에서 어떤 제품이나 개념이 통하는지를 항상 살펴야 하죠. 아무리 AI가 발전하더라도 결국 내 제품을 구매해줄 상대는 인간이니까요.

이 책을 통해 마케터 여러분이, 또는 어쩔 수 없이 마케터의 역할을 해내야 하는 분들이 조금이나마 명확한 방향을 잡고, AI의 도움을 받아서 성과를 낼 수 있다면 저에게 큰 보람이 될 것 같습니다.

어쩌다 마케터를 위한 AI 활용법

초판 1쇄 발행 | 2024년 4월 30일

지 은 이 | 최프로
펴 낸 이 | 이은성
펴 낸 곳 | e 비즈북스
편   집 | 홍순용
디 자 인 | 파이브에잇

주   소 | 서울시 종로구 창덕궁길 29-38, 4-5층
전   화 | (02) 883-9774
팩   스 | (02) 883-3496
이 메 일 | ebizbooks@naver.com
등록번호 | 제2021-000133호

ISBN 979-11-5783-336-8   03320

e 비즈북스는 푸른커뮤니케이션의 출판브랜드입니다.